atlas
d'écologie

GAMMA JEUNESSE
ÉCOLE ACTIVE

© Parramón Ediciones, S.A. – 2003
Ronda de Sant Pere, 5, 4ª planta
08010 Barcelone (Espagne)

Textes : José Tola, Eva Infiesta

Crédits photographiques :
AGE Fotostock, Archivo Parramón, Eduardo Banqueri, Boreal,
Cablepress, Àlex Culla, Prisma, Sincronía, Jordi Vidal

Illustrateurs :
Archivo Parramón, Estudi d'Il·lustració Jaume Farrés, Studio Cámara

Titre original : *Atlas básico de ecología*

© Gamma jeunesse,
7, rue Saint-Lazare
75009 Paris
pour l'édition française.
Dépôt légal : septembre 2005.
Bibliothèque nationale.
ISBN 2-7130-2035-2

Traduction : Noëlle Commergnat

Réalisation : L'Élan vert

Exclusivité au Canada :
Éditions École Active
2244, rue de Rouen, Montréal,
Qué. H2K 1L5.
Dépôts légaux : Septembre 2005.
Bibliothèque nationale du Québec,
Bibliothèque nationale du Canada.
ISBN 2-89069-783-5

Loi n° 49-956 du 16 juillet 1949
sur les publications destinées à la jeunesse.

Imprimé en Espagne.

PRÉSENTATION

Cet atlas d'écologie offre au lecteur un moyen exceptionnel de découvrir comment les êtres vivants, animaux et plantes, se partagent un milieu (le sol, l'air, l'eau…), comment ils sont en interaction avec lui, et comment ils évoluent et se modifient quand les conditions changent. De plus, cet ouvrage constitue un outil très utile pour approfondir les bases physiques de l'écosystème, pour connaître le comportement des êtres vivants à la recherche d'un espace vital, ainsi que pour comprendre le fonctionnement des grands biomes de la planète (la mer, la forêt, le désert, la montagne…). Une partie importante de ce livre est consacrée à l'influence négative exercée par certaines activités humaines sur le milieu, et à quelques idées pour éviter ou pallier les dommages infligés à notre planète.

Les différentes parties de cet atlas constituent une synthèse complète de l'écologie. Des schémas rigoureux et de nombreuses planches présentent les principaux caractères de la biosphère, l'espace où la vie est possible. Ces illustrations, qui forment le noyau de ce volume, sont complétées par de brèves explications et notes facilitant la compréhension des principaux concepts. Un index permet d'accéder facilement aux renseignements recherchés.

Notre objectif, en entreprenant d'éditer cet atlas d'écologie, était de réaliser un ouvrage pratique et didactique, utile et accessible, d'une grande rigueur scientifique, tout en restant agréable et clair. Nous espérons avoir réussi.

SOMMAIRE

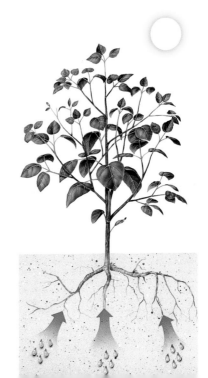

Un écosystème : la lumière et la chaleur du sol font pousser l'herbe que mange la gazelle qui, à son tour, est mangée par l'aigle. Quand ces animaux meurent, leurs restes contribuent à enrichir le sol pour faire pousser l'herbe.

L'ÉCOLOGIE

Cette science étudie à la fois les relations qui existent entre les **êtres vivants** de la planète et le **milieu physique** où ils se trouvent, et celles qui existent entre ces différents êtres vivants. Même si le volume de la Terre peut paraître immense par rapport à ses habitants, en réalité, l'écologie ne s'intéresse de façon directe qu'à une petite partie de toute cette masse. Il s'agit de la **croûte terrestre**.

Par rapport au globe terrestre, la croûte est une couche mince : on la compare parfois à la peau fine d'une orange. Mais, malgré sa minceur, elle joue un rôle essentiel pour nous tous. C'est le lieu où se développe la **vie**, sur une épaisseur restreinte. La limite inférieure ne se trouve qu'à quelques mètres sous la surface du sol, et la plupart des organismes ne s'éloignent pas beaucoup de cette surface. Les arbres les plus grands culminent à peine à une centaine de mètres, et la plupart des oiseaux ne dépassent pas une altitude de deux ou trois mille mètres pendant leurs migrations. Mais ces oiseaux, tout comme les autres animaux volants, n'atteignent ces hauteurs que de façon transitoire, puisqu'ils doivent retourner au sol pour manger et se reproduire.

Nous aborderons ensuite les principaux aspects de l'écologie : cette science nous concerne sans doute directement plus que les autres, dans tous les domaines de notre vie quotidienne. C'est pourquoi nous prêterons une attention spéciale à tous ses aspects pratiques.

Bien que l'espace où se développe la vie paraisse très vaste, il forme une couche mince par rapport au diamètre de la Terre.

Les herbivores, comme le chevreuil à droite, se nourrissent de plantes alors que les carnivores, comme le chacal à gauche, se nourrissent surtout d'herbivores.

LE MILIEU PHYSIQUE

Notre planète est le milieu où nous vivons et ses caractéristiques physiques conditionnent notre vie. Nous en distinguons trois parties principales : l'une, solide, est la croûte terrestre ; l'autre, liquide, forme les mers et les eaux douces ; et la troisième, gazeuse, est l'air que nous respirons. Tout ceci forme le substrat physique des êtres vivants. L'association d'un environnement physique et d'une communauté d'espèces vivantes est un **écosystème**.

Un écosystème est toujours relatif et dépend de ce que nous voulons étudier. Nous pouvons définir notre planète comme un écosystème global qui peut se diviser en divers sous-ensembles. Ainsi il existe des écosystèmes de forêts ou de mers, qui peuvent à leur tour se répartir en écosystème de forêts tropicales ou tempérées... Pour étudier notre planète, qui est très grande à l'échelle humaine, il convient de la diviser en unités plus petites.

L'écosystème n'est pas immuable ni permanent, car il est soumis à des changements constants. Ces transformations sont dues à l'origine à un apport constant d'**énergie** solaire qui est consommée et utilisée de diverses manières. La **matière** subit ensuite des changements en accomplissant des cycles. Ainsi, les minéraux du sol passent dans les plantes où ils se transforment en feuilles, branches, etc. Cette matière végétale sert à nourrir les **herbivores** qui la transforment en muscles. Puis, quand un **carnivore** mange l'herbivore, toute cette matière animale (faite de matières végétales,

provenant elles-mêmes des minéraux du sol) se transforme en muscles, os, etc. Et quand le carnivore meurt, son corps se décompose en éléments qui se mélangent de nouveau au sol. Il y a donc un **cycle** continu de la matière.

LA NOURRITURE ET LA MATIÈRE

L'écosystème est donc en perpétuel changement. Il en est de même pour les organismes qui le constituent, leur vie étant limitée. Nous verrons comment les êtres vivants se répartissent en différents niveaux. Les **producteurs** sont du niveau le plus proche de la matière inanimée ou inorganique (les minéraux) qu'ils utilisent pour fabriquer de la matière organique ; ce sont les **plantes**. Tous les autres êtres vivants, incapables de transformer les minéraux en matière organique, en dépendent ; aussi les appelons-nous **consommateurs**. Il en existe plusieurs types : les **consommateurs primaires**, les herbivores comme la vache, mangent directement les végétaux et les **consommateurs secondaires**, les carnivores comme le loup, ne se nourrissent que de chair. De plus, d'autres organismes se chargent du processus inverse : au lieu de fabriquer de la matière organique à partir d'un aliment, ils le décomposent pour le retransformer en matière inorganique. Il s'agit des **décomposeurs**, comme les bactéries de la putréfaction.

Dans les milieux peu favorables (très froids, très secs ou dotés d'un sol très pauvre), la vie se réduit : seuls y croissent quelques végétaux résistants et de rares animaux, surtout souterrains.

L'ORGANISATION DES ÊTRES VIVANTS

Dans ce chapitre, nous verrons les changements dus aux relations entre les êtres vivants. Nous avons déjà évoqué l'un des principaux : certaines espèces se nourrissent d'autres. L'**alimentation** est donc l'un des moteurs essentiels des êtres vivants. Intervient alors la **compétition** : la lutte entre deux ou plusieurs êtres pour obtenir une

En saison sèche, les gnous africains parcourent des centaines de kilomètres pour trouver de l'herbe fraîche.

ressource déterminée (nourriture, espace, partenaire, etc).

Des individus d'une même espèce vivant ensemble dans un écosystème forment une **population**, par exemple celle des zèbres de la savane. Plusieurs populations d'un même écosystème constituent une **communauté**, comme celle des herbivores de la savane (zèbres, buffles, gnous, gazelles, etc.). Ces communautés ne sont pas constantes. Dans les années de grande sécheresse, les herbivores de la savane africaine se réduisent beaucoup, mais dans les périodes plus favorables, avec une nourriture abondante, leur nombre croît de façon spectaculaire.

Les individus d'une population accomplissent des déplacements plus ou moins réguliers : parfois un parcours quotidien pour chercher de la nourriture ou de l'eau, mais aussi des **migrations** jusqu'à des lieux fort lointains. C'est le cas de la migration annuelle des gnous de la savane africaine.

La collecte sélective des déchets (verre, papier et carton, résidus organiques, plastiques, etc.), permet le recyclage de nombreux matériaux.

LES BIOMES

En voyageant à travers notre planète, nous découvrons des paysages différents, parfois uniques, et d'autres qui se répètent en divers endroits. Les grandes régions de la planète dotées d'une topographie et d'un climat particuliers, sont des **biomes** dominés par leurs propres populations végétales et animales. Les mers, les cours d'eau, les forêts, les déserts, les montagnes et les régions polaires sont des biomes ; chacun d'eux peut se diviser en unités plus petites. Ainsi le terme général de biome forestier recouvre les bois des régions tempérées, les forêts tropicales et la taïga. Chacun de ces milieux possède une faune caractéristique et constitue ainsi un écosystème particulier qui se distingue des autres écosystèmes du biome forestier.

L'ÉCOLOGIE APPLIQUÉE

L'écologie est une science, mais nombre de ses conséquences affectent notre existence au point qu'elle devient une composante importante de notre vie quotidienne. L'écologie appliquée consiste à utiliser les connaissances dispensées par la science écologique pour améliorer nos relations avec notre planète et les autres êtres vivants qui la peuplent. Non seulement les scientifiques doivent y participer, mais aussi tous les individus. Les questions abordées dans ce chapitre concernent presque tous les aspects de notre vie quotidienne. L'air est devenu irrespirable dans nombre de grandes villes, les cours d'eau ressemblent à des égouts et partout sont déversées des substances toxiques qui contaminent même les eaux polaires ou qui affectent l'atmosphère, ce qui provoque le trou de la couche d'ozone.

La **pollution** est l'un des principaux problèmes que nous rencontrons aujourd'hui. Elle conditionne non seulement la santé de la planète, mais aussi celle de chacun de nous. Devant ces perturbations de la nature, nous verrons certaines des solutions existantes. Nous constaterons que nombre de ces remèdes dépendent de notre propre comportement : il faut éviter de produire des résidus inutiles, inciter à **recycler** le verre ou le papier, économiser l'eau et utiliser des **énergies alternatives**.

Depuis très longtemps, l'homme utilise les forces de la nature pour produire de l'énergie, comme l'énergie éolienne avec les moulins à vent.

LA BIOSPHÈRE : L'EAU, LA LUMIÈRE ET L'ÉNERGIE

Dans le système solaire, nous ne connaissons pas encore d'autre planète abritant la vie. Seule la Terre réunit des caractéristiques favorables à son développement : température adaptée, présence d'eau, etc. Elle est formée de trois couches principales : la **lithosphère** ou couche solide, l'**hydrosphère** ou couche d'eau, et l'**atmosphère**, la couche gazeuse qui enveloppe les deux autres. Les êtres vivants font aussi partie de la planète : ils sont essentiels au maintien des conditions régnantes. La **biosphère** est la mince couche comprenant les portions de l'atmosphère, de l'hydrosphère et de la lithosphère où la vie est présente.

LA BIOSPHÈRE

La biosphère est très mince par rapport aux trois couches terrestres - atmosphère, hydrosphère et lithosphère – mais elle a une grande influence sur elles : les êtres vivants, en interaction avec le milieu qui les entoure, en modifient les caractéristiques. D'épaisseur très variable, la biosphère n'occupe que quelques mètres dans les steppes : elle va des zones profondes du sol où arrivent les racines des plantes et où se développent bactéries et champignons, à la partie supérieure des végétaux ou à l'espace occupé par les animaux les plus gros. La végétation herbeuse des steppes n'est donc pas très haute. Dans les océans, la biosphère peut occuper plusieurs kilomètres, de la surface de l'eau jusqu'aux profondeurs habitées par une foule d'êtres abyssaux.

Vue de l'espace, la Terre ressemble à une planète bleue à cause de la masse d'eau qui la recouvre.

Si l'on disposait la masse de tous les êtres vivants de la Terre en une couche uniforme sur toute sa superficie, cette couche n'aurait qu'un centimètre d'épaisseur.

La biosphère est l'espace (de l'air, du sol, du sous-sol et des eaux) où existent des conditions favorables au développement de la vie.

LA PLANÈTE TERRE EN CHIFFRES

Superficie totale	510 millions de km² (100 %)
Superficie couverte d'eau	361 millions de km² (71 %)
Superficie émergée	149 millions de km² (29 %)

L'HYDROSPHÈRE

C'est la partie de la planète occupée par l'eau. L'hydrosphère inclut les océans, les mers, les cours d'eau, les lacs, l'eau atmosphérique (nuages et vapeur d'eau) et les eaux souterraines. Les êtres vivants dépendent de l'eau pour vivre. Même ceux qui passent toute leur vie sans boire en ont aussi besoin : ils s'en procurent grâce à certaines réactions chimiques à l'intérieur de leur corps. La vie est née dans l'eau et tous les êtres vivants sont en grande partie constitués d'eau.

RÉPARTITION DE L'EAU SUR TERRE

Océans et mers	1 348 millions de km³
Glace (pôles et glaciers)	26 millions de km³
Eau douce (rivières, lacs, etc.)	0,23 millions de km³
Eaux souterraines	difficiles à estimer

LES ÊTRES VIVANTS

Les êtres vivants sont formés de matière et ont besoin d'énergie pour maintenir leur structure. Ils peuvent obtenir cette énergie de différentes manières. Ainsi les plantes utilisent la **lumière** (énergie solaire) qui leur permet de transformer le dioxyde de carbone atmosphérique et les minéraux du sol en matière organique pour construire leur corps. En revanche, les animaux et les champignons utilisent l'énergie obtenue par rupture des liaisons moléculaires qui constituent la matière organique dont ils se nourrissent (**énergie biochimique**).

L'ALIMENTATION

Chaque groupe d'organismes utilise l'énergie de la même façon : les **producteurs** (plantes) fabriquent de la matière organique ; les herbivores, ou **consommateurs primaires**, ne mangent que des végétaux ; les carnivores, ou **consommateurs secondaires**, se nourrissent de chair.

Si les herbivores (comme les zèbres ci-dessous) ne trouvaient pas assez de plantes pour leurs besoins, ils mourraient. De même, s'il y avait plus de carnivores (comme le loup de droite) que d'herbivores, ces deux espèces disparaîtraient. C'est pourquoi les écosystèmes doivent être en équilibre.

LES NIVEAUX TROPHIQUES

énergie solaire

herbivores

carnivores

plantes (producteurs)

décomposeurs

L'ÉNERGIE SOLAIRE

L'énergie solaire permet la croissance des végétaux qui sont la base de l'alimentation de tous les animaux herbivores dont se nourrissent les carnivores. Aussi la lumière solaire est-elle la source d'énergie de tous les êtres vivants.

LE FLUX D'ÉNERGIE

Dans la nature, le flux d'énergie est rectiligne. De toute l'**énergie solaire** qui arrive à la surface de notre planète, seule une petite partie passe d'un **niveau trophique** (niveau d'alimentation) au suivant ; le reste se perd sous forme de **chaleur** (par la respiration des cellules). Aussi y a-t-il beaucoup plus de plantes que d'animaux herbivores qui vivent de l'énergie fournie par les plantes, et beaucoup plus d'animaux herbivores que carnivores, puisque ces derniers ne peuvent à leur tour exploiter que l'énergie fournie par les herbivores.

Chaque **niveau trophique** utilise seulement 10 % à 20 % de l'énergie accumulée au niveau précédent.

Les plantes utilisent seulement 0,2 % de l'énergie solaire qui arrive à la surface de la Terre.

11

L'ATMOSPHÈRE, LE SOL ET LE CLIMAT

Pour comprendre comment les écosystèmes fonctionnent, il faut d'abord connaître le milieu inanimé dans lequel ils se situent et les phénomènes qui s'y produisent. La composition et la structure très particulières de l'**atmosphère** ont permis le développement de la vie. Le **sol**, couche de minéraux résultant de l'érosion des roches, est la base sur laquelle s'élaborent tous les écosystèmes terrestres. Le **climat** est un facteur d'importance vitale pour déterminer quel type d'écosystème va se développer en un lieu donné.

L'ATMOSPHÈRE TERRESTRE

L'atmosphère est la couche gazeuse qui entoure une planète. Sa composition dépend de divers facteurs comme la température, les éléments chimiques qui composent la planète, etc. Dans le cas de la Terre, l'atmosphère actuelle a une composition particulière résultant de l'action des êtres vivants pendant des millions d'années. L'**oxygène** (O_2) n'y a pas toujours été présent, alors que son taux atteint aujourd'hui 21 %. Il provient de l'action des premières algues à flagelles : en mettant en œuvre la **photosynthèse**, elles ont libéré ce gaz pendant des millions d'années jusqu'à ce qu'il parvienne à son taux actuel. Ce processus a ainsi atteint un point d'équilibre entre la consommation d'oxygène par la respiration et sa production par photosynthèse.

UN BOUCLIER

L'atmosphère sert de barrière contre les objets susceptibles de heurter la surface terrestre. Quand un fragment de roche venu de l'espace extérieur (une météorite) pénètre dans l'atmosphère, le frottement finit par le désintégrer.

COMPOSITION DE L'ATMOSPHÈRE TERRESTRE

Azote	78 %
Oxygène	20,50 %
Argon	0,90 %
Dioxyde de carbone	0,03 %
Autres gaz et composants	0,57 %

Sans atmosphère, les rayons cosmiques détruiraient la vie et des météorites viendraient sans cesse couvrir de cratères la surface terrestre.

LES COUCHES DE L'ATMOSPHÈRE TERRESTRE

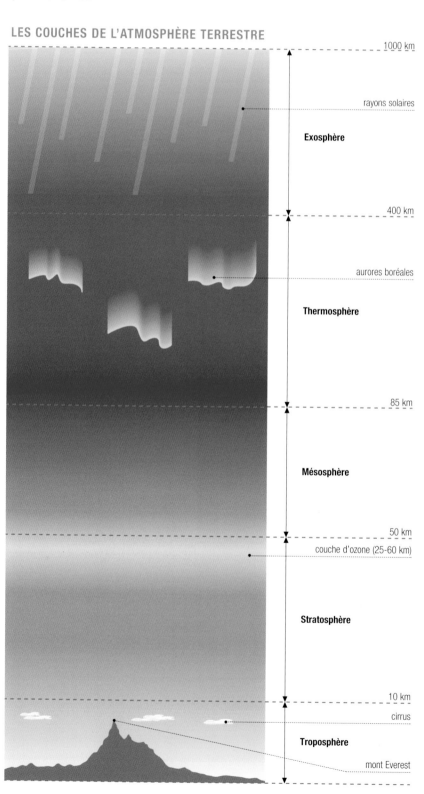

- 1000 km
- rayons solaires
- Exosphère
- 400 km
- aurores boréales
- Thermosphère
- 85 km
- Mésosphère
- 50 km
- couche d'ozone (25-60 km)
- Stratosphère
- 10 km
- cirrus
- Troposphère
- mont Everest

LE SOL

Le sol est une couche de minéraux et de restes organiques créée par l'érosion des roches et l'action des êtres vivants. C'est un élément fondamental de l'écosystème : c'est grâce à lui que se forme la couverture végétale constituant la base des **chaînes trophiques**. En outre, dans le sol se développe une **faune souterraine** d'une importance cruciale pour les êtres qui vivent à la surface. Par exemple, les déplacements des lombrics facilitent l'aération de la terre et évitent ainsi que la matière organique accumulée ne vienne à pourrir et à endommager les racines des plantes.

Lors de la coupe ou de l'incendie d'une forêt, le sol n'est plus protégé de l'érosion ; il est emporté. Sa disparition est très grave : sans lui, une nouvelle forêt ne pourra pas se développer.

LE SOL SE DIVISE EN TROIS HORIZONS PRINCIPAUX

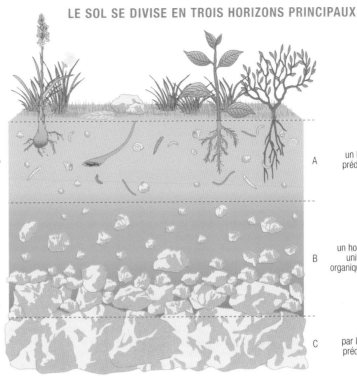

A — un horizon fertile, où prédomine la matière organique

B — un horizon de mélange uniforme de matière organique et inorganique

C — un horizon formé par la roche mère, où prédomine la matière inorganique

La faune souterraine oxygène le sol et facilite la décomposition de la matière organique utilisée par les racines des plantes.

Sous les climats chauds et pluvieux, la forêt prédomine.

PRINCIPAUX CLIMATS

On peut distinguer six climats : tropical, subtropical, désertique, tempéré, froid et polaire.

LES DÉCOMPOSEURS

Ce sont des organismes, comme les **champignons** et les **bactéries**, qui désintègrent la matière difficile à digérer par les animaux, et qui libèrent des éléments chimiques indispensables à la croissance des plantes.

LE CLIMAT

Le climat se définit par la valeur moyenne des conditions atmosphériques (températures, précipitations, vents, etc.) qui règnent dans une région durant une longue série d'années. Il dépend principalement de la **latitude** et de l'**altitude**. La première est importante : plus on s'éloigne de l'équateur, plus petit est l'angle d'incidence des rayons du Soleil, et donc plus faible est la chaleur reçue. La seconde joue sur la **température** : à haute altitude, il fait plus froid. D'autres facteurs importants influencent aussi le climat d'un lieu déterminé : l'éloignement de grandes masses d'eau (océans, mers, grands lacs), la présence ou l'absence de vents, l'existence de certains accidents géographiques (montagnes, dépressions, etc.) et la végétation.

Les forêts de conifères poussent sous les climats froids des hautes montagnes.

Le climat est capital pour les êtres vivants : il les contraint à s'adapter à ses conditions, et leur rend la vie impossible dans certaines régions auxquelles ils ne sont pas adaptés.

LES CYCLES DE LA MATIÈRE

Quand une graine germe, une plante commence à pousser et donne parfois un arbre énorme. Mais d'où provient la matière qui constitue le tronc, les branches et les feuilles ? La graine est pourvue d'un **tissu de réserve** qui permet à la tige et à la racine de se développer. Mais une fois cette réserve épuisée, la plante doit se procurer d'autre matière dans le milieu qui l'entoure pour l'incorporer à son organisme. Sur le modèle d'un circuit fermé, les différents éléments de cette matière transitent d'un milieu inorganique à celui d'un être vivant avant de retrouver leur milieu d'origine.

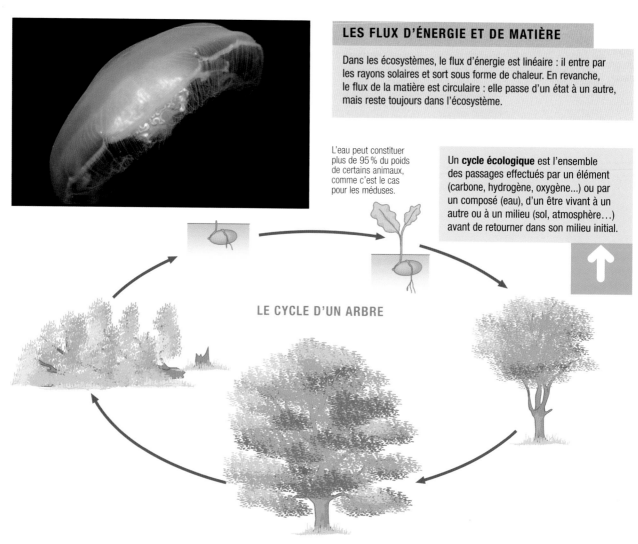

LES FLUX D'ÉNERGIE ET DE MATIÈRE

Dans les écosystèmes, le flux d'énergie est linéaire : il entre par les rayons solaires et sort sous forme de chaleur. En revanche, le flux de la matière est circulaire : elle passe d'un état à un autre, mais reste toujours dans l'écosystème.

L'eau peut constituer plus de 95 % du poids de certains animaux, comme c'est le cas pour les méduses.

Un **cycle écologique** est l'ensemble des passages effectués par un élément (carbone, hydrogène, oxygène...) ou par un composé (eau), d'un être vivant à un autre ou à un milieu (sol, atmosphère...) avant de retourner dans son milieu initial.

LE CYCLE D'UN ARBRE

LES ÉLÉMENTS CONSTITUTIFS DES ÊTRES VIVANTS

Les êtres vivants fabriquent leur matière en puisant dans leur milieu bon nombre d'éléments chimiques : les **bioéléments**. Certains sont essentiels : le carbone, l'azote, le phosphore et le soufre. L'eau, bien qu'elle soit un composé et non un élément, constitue également une partie très importante du corps des animaux et des plantes. Tous ces éléments ont des cycles caractéristiques, les **cycles biochimiques**, qui les font passer successivement de l'environnement (sol, atmosphère, eau d'une rivière, etc.) à un organisme (tissu d'un être vivant, partie d'un excrément, etc.).

LES PRINCIPAUX ÉLÉMENTS CONSTITUTIFS DES ÊTRES VIVANTS

Carbone C	Magnésium Mg	Molybdène Mo
Oxygène O	Bore B	Chlore Cl
Hydrogène H	Fer Fe	Sodium Na
Azote N	Manganèse Mn	Sélénium Se
Phosphore P	Cuivre Cu	Étain Sn
Soufre S	Zinc Zn	Chrome Cr
Potassium K	Cobalt Co	Vanadium V
Calcium Ca	Silicium Si	Fluor F

LES CYCLES BIOCHIMIQUES

Les plantes incorporent la plupart des **molécules inorganiques** du milieu et les changent en **matière organique** pour former leurs tissus. À leur tour, les animaux **herbivores**, en s'en nourrissant, incorporent ces éléments à leur organisme. Les **carnivores** qui mangent des herbivores font de même. Ainsi, la matière peut passer d'un **niveau trophique** à un autre jusqu'à ce que les éléments finissent par retourner dans le monde inanimé de l'environnement grâce à certaines bactéries qui décomposent les cadavres et les restes organiques. Chaque élément effectue ainsi un circuit à travers différentes parties de l'écosystème.

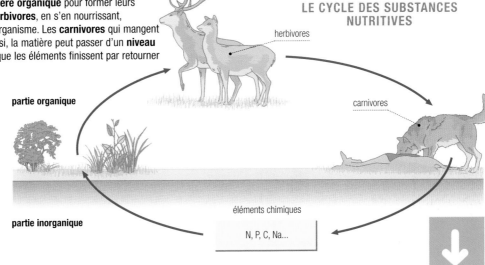

LE CYCLE DES SUBSTANCES NUTRITIVES

herbivores

carnivores

partie organique

éléments chimiques

N, P, C, Na...

partie inorganique

VOIE MÉTABOLIQUE

C'est le parcours effectué par un élément chimique dans les tissus d'un organisme : il forme alors différentes molécules au cours de réactions chimiques successives.

Dans certains cas – comme pour l'azote, le phosphore et le soufre – les cycles peuvent être très compliqués, parce qu'interviennent de nombreux organismes avec de nombreuses **voies métaboliques**.

LE CYCLE DU CARBONE

CO_2
CO_2
CO_2
CO_2
CO_2

respiration

respiration

CO_2

glucose

viande

plantes aquatiques

CO_2

bactéries

LE CARBONE

C'est le principal élément constitutif des êtres vivants. Il représente environ la moitié de la matière solide composant chaque organisme. La plus grande partie du carbone utilisable par les végétaux se trouve sous forme de dioxyde de carbone dissous dans l'atmosphère, dans une proportion de 0,03 %.

LE CYCLE DU CARBONE

L'OXYGÈNE

Son cycle est inverse de celui du carbone : la photosynthèse le libère dans le milieu. En respirant, les animaux produisent, à partir de l'oxygène et du carbone, du dioxyde de carbone qu'ils rejettent.

Imaginons un atome de carbone provenant d'une molécule de dioxyde de carbone dans l'atmosphère (forme inorganique). Un jour, une plante l'absorbe par une de ses feuilles et le soumet au processus de photosynthèse. Avec d'autres éléments, il transforme une molécule de glucose (forme organique) qui constitue une petite partie de la matière de cette plante. Un herbivore mange la plante et absorbe ainsi l'atome de carbone. Ensuite, un prédateur tue l'herbivore, le mange, et introduit ainsi dans son propre corps l'atome de carbone qui s'intègre dans les tissus de l'animal. À sa mort, les organismes décomposeurs transforment une partie du cadavre en dioxyde de carbone qu'ils libèrent dans l'atmosphère. C'est le cycle du carbone.

L'activité industrielle modifie l'équilibre du cycle du carbone : elle libère de grandes quantités de CO_2 dans l'atmosphère, notamment par la combustion du pétrole.

LES DIFFÉRENTS CYCLES

Parmi les éléments constituants des êtres vivants, l'**azote** et le **phosphore** sont aussi très importants. Ils se trouvent dans la nature sous différentes formes. Leur cycle est plus complexe que celui du carbone. L'**eau**, bien qu'elle ne soit pas un élément simple, est essentielle à la vie. Son cycle prend des formes très variées et elle se trouve dans des états très divers dans le milieu naturel ainsi qu'à l'intérieur des organismes dont elle est un composant majoritaire.

LE CYCLE DE L'AZOTE

L'atmosphère terrestre contient une grande quantité d'**azote** gazeux sous forme de N_2 (78 %). Cependant, ni les plantes ni les animaux ne peuvent utiliser cette forme d'azote : elle n'est exploitable que par quelques bactéries et algues marines qui la transforment en **ammoniac** (NH_3). Les plantes ne peuvent pas non plus utiliser l'ammoniac et c'est encore un autre groupe de bactéries qui le transforment en **nitrates** (NO_3) : c'est la seule forme d'azote que les plantes peuvent utiliser pour leur croissance en l'incorporant à leurs tissus : il passe sous cette forme aux herbivores qui s'en nourrissent, avant de passer ensuite aux carnivores, etc.

L'azote entre dans la composition des protéines et des acides nucléiques (ARN et ADN).

La décomposition des restes animaux et végétaux ainsi que l'urine des animaux libèrent des composés azotés dans le milieu. Certaines bactéries vont se charger de les transformer en nitrates pour qu'ils soient à nouveau utilisables par les végétaux.

Dans les champs cultivés, les éléments quittent l'écosystème parce que l'homme expédie sa production végétale dans un autre lieu. Comme les cycles ne peuvent pas s'achever, le sol s'appauvrit. Aussi faut-il fertiliser les champs.

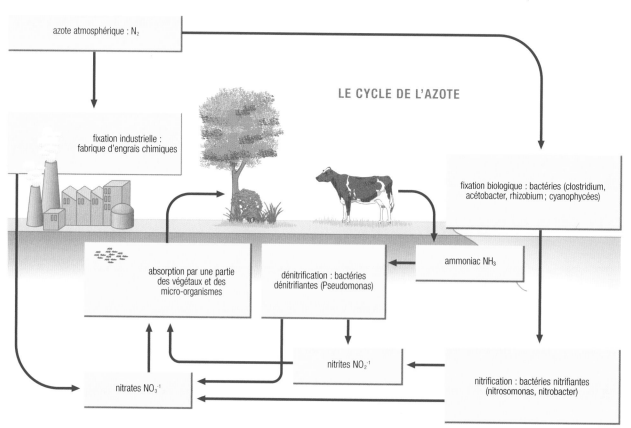

LE CYCLE DE L'AZOTE

azote atmosphérique : N_2

fixation industrielle : fabrique d'engrais chimiques

fixation biologique : bactéries (clostridium, acétobacter, rhizobium ; cyanophycées)

ammoniac NH_3

absorption par une partie des végétaux et des micro-organismes

dénitrification : bactéries dénitrifiantes (Pseudomonas)

nitrites NO_2^{-1}

nitrification : bactéries nitrifiantes (nitrosomonas, nitrobacter)

nitrates NO_3^{-1}

CYCLE DU PHOSPHORE

Le phosphore est un élément qui se trouve dans la **roche mère**. Il se libère quand une eau légèrement acide provoque une série de réactions chimiques avec la roche et forme des composés, les **phosphates**. Ces phosphates peuvent soit s'intégrer au sol, où ils sont utilisés par les plantes terrestres, soit aboutir dans la mer, où ils sont utilisés par les algues, surtout par celles du **phytoplancton**. Une fois incorporé dans la matière organique des êtres vivants, le phosphore passe d'un niveau trophique à un autre grâce aux chaînes alimentaires. Il retourne dans l'environnement quand les cadavres des êtres vivants considérés se décomposent.

Chez les êtres vivants, le phosphore est essentiellement intégré à l'ADN, à l'ARN et à l'ATP des cellules.

Les excréments des oiseaux marins contiennent une grande quantité de phosphore. Les cadavres et les excréments accumulés forment le **guano**, utilisé comme engrais. Sur la photographie, quai utilisé aux îles Ballestas (Pérou) pour charger le guano produit par les oiseaux sur ces îles.

Le phosphate présent dans l'eau forme une molécule d'**orthophosphate** (PO_4^{-3}).

LE CYCLE DE L'EAU

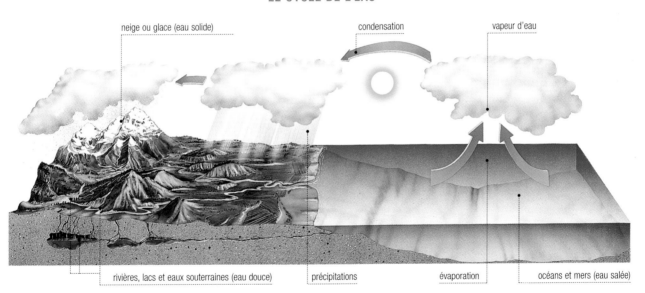

neige ou glace (eau solide) — condensation — vapeur d'eau

rivières, lacs et eaux souterraines (eau douce) — précipitations — évaporation — océans et mers (eau salée)

LE CYCLE DE L'EAU

Bien que l'eau ne soit pas un élément simple mais une molécule formée d'**oxygène** et d'**hydrogène**, elle est essentielle aux êtres vivants car nécessaire à toutes les réactions chimiques qui se produisent dans un organisme. C'est le milieu indispensable au fonctionnement du **métabolisme**, depuis la production de glucose dans les plantes jusqu'à la digestion des aliments ou la régulation de la température des animaux. L'eau accomplit aussi un cycle constant dans la nature. Ce cycle est très actif, à l'extérieur comme à l'intérieur des êtres vivants.

Le corps d'un mammifère est constitué de 65 % d'eau. Pour certains organismes marins, comme les algues ou les méduses, ce taux peut dépasser 95 %.

L'eau est un composé d'oxygène et d'hydrogène qui peut être présent dans la nature à l'état gazeux (vapeur), liquide (eau courante) ou solide (glace).

LA PRODUCTIVITÉ DES ÉCOSYSTÈMES

Les êtres vivants sont étroitement liés au milieu physique sur lequel ils se développent, et particulièrement les organismes **producteurs** (végétaux) qui en extraient tous les matériaux pour fabriquer leur structure et l'énergie nécessaire à leur fonctionnement. Tous les autres êtres vivants dépendent totalement de la production de **biomasse** végétale. Pour comprendre le fonctionnement des écosystèmes et démontrer leurs théories avec des chiffres, les écologistes doivent effectuer une série de calculs portant sur certains paramètres comme la biomasse ou la **productivité**, qui sont en général assez difficiles à obtenir.

LA BIOMASSE

La biomasse est la **masse** totale des êtres vivants présents à un moment donné dans un **biotope délimité**. Pour une forêt, c'est la masse de tous les êtres vivants qui l'habitent. Il existe diverses techniques de mesure de la biomasse d'un écosystème. En général, les valeurs obtenues sont plus ou moins approchées : pour les connaître précisément, il faudrait prendre et peser tous les organismes qui s'y trouvent. Cela impliquerait d'en supprimer la plupart, principalement les plantes (couper les arbres, arracher les herbes...).

La **production** se mesure en unité de masse par unité de temps, par exemple en g/jour ou t/an, etc.

Ces étudiants sont en train d'étudier la biomasse de ce bois. C'est une entreprise très laborieuse.

La biomasse de cette immense forêt canadienne est constituée par les animaux, et surtout par les arbres qui la composent.

MESURE DE LA BIOMASSE

La biomasse s'exprime en unités de masse (g, kg, t...) par unité de surface (m², ha, km²...).

CALCUL DE LA BIOMASSE D'UNE FORÊT

Pour calculer la **biomasse végétale** d'une forêt, il faut délimiter une surface de terrain, par exemple un hectare, y compter le nombre d'arbres, mesurer la hauteur et la largeur des troncs, compter le nombre de branches et les mesurer. Avec ces mesures nous calculons le volume de bois et, en connaissant la densité du bois, nous pourrons en évaluer la masse. Pour connaître la masse des feuilles, nous prendrons une branche typique ; nous en ôterons les feuilles que nous placerons dans un sac. Nous en pèserons le contenu avant de multiplier le résultat par le nombre de branches de la zone étudiée. Nous devrons procéder de même avec la végétation du sous-bois. La dernière étape consiste à additionner tous les résultats pour obtenir la valeur de la biomasse sur l'hectare étudié. Pour trouver celle de la forêt, il faut multiplier cette valeur par le nombre d'hectares occupés.

LA PRODUCTION DES ÉCOSYSTÈMES

Un des paramètres les plus importants pour étudier les écosystèmes est de connaître la masse de matière vivante qu'ils produisent. Reprenons l'exemple de la forêt. Pour calculer sa **production** végétale annuelle, nous évaluerons la masse de matière nouvelle formée durant cette période par les arbres et les autres plantes qui constituent cette forêt (arbustes et végétation du sous-bois).

LA PRODUCTION DE BIOMASSE

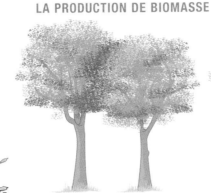

année 2003 : 100 kg/ha

année 2004 : 120 kg/ha

productivité = différence de biomasse/temps
productivité = (120 kg/ha − 100 kg/ha)/1 an = 20 kg/ha/an

La productivité est la masse de matière vivante produite par unité de temps (jour, année) sur une surface donnée. Par exemple, une forêt aura une productivité de 20 kg/ha/an.

Dans une forêt de pins, la biomasse la plus grande est celle des troncs et des branches, puis vient celle des racines, et enfin celle des aiguilles.

LA PRODUCTION

Elle se définit comme l'augmentation de biomasse par unité de surface et de temps.

LA PRODUCTIVITÉ DES ÉCOSYSTÈMES

Sur notre planète, il existe une multitude d'écosystèmes différents. Ensemble, ils maintiennent un équilibre naturel résultant de siècles de fonctionnement. Cependant, certains sont plus productifs que d'autres. Ainsi, le pôle Nord constitue un écosystème dans lequel se maintient un équilibre parfait entre les populations, mais il est peu productif : la densité de biomasse sur la glace est très faible. En revanche, les savanes africaines sont extrêmement productives.

Chaque année, elles produisent des millions de tonnes d'herbe qui sont consommées par des millions d'herbivores qui sont à leur tour les proies de milliers de carnivores. La densité de population d'un tel écosystème est infiniment supérieure à celle des glaces polaires. Cependant, comme toute la production des différents niveaux trophiques est consommée par les populations des niveaux suivants, la biomasse de ces écosystèmes ne croît pas, mais reste stable.

Quantitativement, les zones polaires sont peu productives, alors que la savane africaine est très productive.

L'ÉVOLUTION DES ÉCOSYSTÈMES

Les écosystèmes sont en perpétuel changement, même s'ils atteignent un équilibre. Au fur et à mesure de leur croissance, les organismes qui les peuplent produisent une nouvelle biomasse mais consomment aussi d'autres ressources : les plantes absorbent les minéraux du sol et les animaux consomment la biomasse végétale. Tous ces êtres vivants, en tant que producteurs ou consommateurs, exploitent la biomasse et les ressources qu'offre l'écosystème sous diverses formes.

LES ÉCOSYSTÈMES EN ÉQUILIBRE

Certains écosystèmes, comme la forêt tropicale, sont en équilibre : leur **biomasse** totale n'augmente ni ne diminue au fil du temps. Cela signifie que tout ce que produisent les plantes est consommé par les herbivores ou, en d'autres mots, que les herbivores consomment seulement ce que produisent les plantes. Il en va de même pour les carnivores par rapport aux herbivores, etc. Finalement, la production est égale à la perte de biomasse par différents facteurs (consommation, respiration, etc.).

Dans les écosystèmes en équilibre, comme la forêt tropicale, il y a une grande variété d'espèces.

SUCCESSION

Ce processus recouvre les changements qui se produisent dans un écosystème pendant une très longue période (parfois des siècles) et qui aboutissent à un écosystème en **équilibre**.

LES ÉCOSYSTÈMES JEUNES

Ce sont des écosystèmes qui ont une **productivité** positive : leur production est supérieure à la consommation. En conséquence, ils produisent un accroissement de la biomasse au fil des ans. C'est ce qui se passe quand un nouveau milieu est colonisé ou, par exemple, quand une forêt commence à se régénérer après avoir été détruite par un incendie.

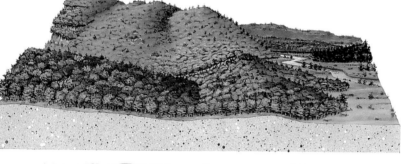
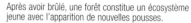

Après avoir brûlé, une forêt constitue un écosystème jeune avec l'apparition de nouvelles pousses.

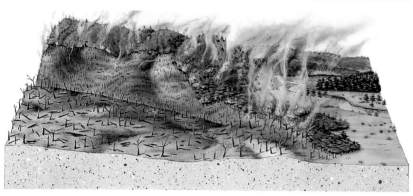

LES NIVEAUX TROPHIQUES

Pour étudier un écosystème, il faut classer les êtres vivants par groupes, selon les façons dont ils se procurent la **matière** et l'**énergie**. Chacune de ces façons correspond à un niveau trophique.

UNE CHAÎNE TROPHIQUE

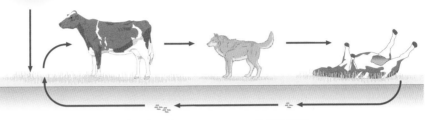

transformateurs   décomposeurs

Certaines bactéries autotrophes se procurent l'énergie en rompant les liaisons des molécules inorganiques. On les appelle **chimiotrophes**.

AUTOTROPHES

Ces êtres vivants utilisent l'énergie lumineuse pour fabriquer, grâce à la photosynthèse, leurs constituants organiques à partir d'éléments minéraux.

LES NIVEAUX TROPHIQUES

Niveau trophique	Organisme	Type d'organisme	Énergie utilisée	Transformation produite
Producteurs	plantes	autotrophe	solaire	matière inorganique en organique
Consommateurs primaires	herbivores	hétérotrophe	chimique	matière organique végétale en animale
Consommateurs secondaires	carnivores	hétérotrophe	chimique	matière organique animale en animale
Décomposeurs	bactéries, champignons	hétérotrophe	chimique	matière organique en inorganique
Transformateurs	bactéries	hétérotrophe	chimique	matière inorganique inerte en engrais minéral

Outre les végétaux (depuis les mousses jusqu'aux arbres), les algues et certaines bactéries sont également autotrophes.

HÉTÉROTROPHES

Ces êtres vivants puisent l'énergie dans les liaisons moléculaires de la matière organique, grâce à la respiration. Ce sont les animaux, les champignons, les protozoaires et nombre de bactéries.

LES PRODUCTEURS

Les végétaux sont les producteurs de la matière organique de l'écosystème. Ils sont étroitement liés au milieu physique sur lequel ils sont implantés : ils utilisent les sels minéraux, l'eau du sol et le dioxyde de carbone de l'air comme matériaux de construction de leurs constituants organiques, et la lumière solaire comme énergie.

Les producteurs sont en général de couleur verte : ils contiennent de la chlorophylle, la substance qui permet la photosynthèse. Mais d'autres pigments de la photosynthèse ne sont pas verts : certains végétaux sont rouges, orangés ou pourpres.

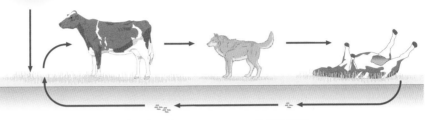

LA PYRAMIDE ÉCOLOGIQUE

Dans la nature, les organismes dépendent les uns des autres : ils entretiennent des relations si étroites que, si une espèce dépérit, une autre peut en subir le préjudice. Les végétaux sont capables de fabriquer de la matière organique à partir des minéraux ; ils sont à l'origine de la chaîne alimentaire de tous les autres êtres vivants. Ces relations qui relient certains organismes à d'autres s'appellent **chaînes trophiques**.

LA NICHE ÉCOLOGIQUE

Dans un écosystème, plusieurs espèces peuvent occuper un même niveau trophique, c'est-à-dire s'alimenter de la même façon. Mais chacune d'elles a une place spécifique dans la chaîne alimentaire. Elles se nourrissent d'espèces différentes en plus de jouer plusieurs rôles différents, si bien qu'elles ne sont pas vraiment en compétition et peuvent vivre ensemble sans problèmes. Cette spécialisation à l'intérieur d'un écosystème s'appelle niche écologique.

La baleine (à gauche) se nourrit du krill qu'elle filtre à travers ses fanons, tandis que l'orque (à droite) capture des poissons, des oiseaux et des mammifères de taille moyenne. Toutes deux occupent le même écosystème sans être en compétition alimentaire.

CHAÎNES ET RÉSEAUX TROPHIQUES TERRESTRES

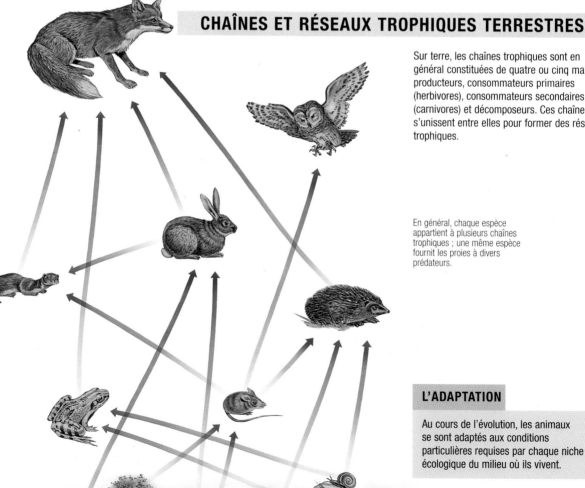

Sur terre, les chaînes trophiques sont en général constituées de quatre ou cinq maillons : producteurs, consommateurs primaires (herbivores), consommateurs secondaires (carnivores) et décomposeurs. Ces chaînes s'unissent entre elles pour former des réseaux trophiques.

En général, chaque espèce appartient à plusieurs chaînes trophiques ; une même espèce fournit les proies à divers prédateurs.

L'ADAPTATION

Au cours de l'évolution, les animaux se sont adaptés aux conditions particulières requises par chaque niche écologique du milieu où ils vivent.

LES RELATIONS TROPHIQUES MARINES

Les chaînes trophiques de la mer sont plus longues que celles de la terre : il existe presque toujours des carnivores de troisième ordre, quatrième ordre, etc. En outre, même s'il existe des algues moyennes ou géantes, la masse principale des producteurs marins est formée d'algues microscopiques. Celles-ci constituent le **phytoplancton** qui alimente une grande quantité d'invertébrés, et parfois même de grands vertébrés comme les baleines.

RELATIONS DE POIDS ENTRE ÉTAGES D'UNE PYRAMIDE ÉCOLOGIQUE

Niveau trophique	Exemples	Unités de poids/hectare
carnivores	musaraigne renard	1
herbivores	lapin perdrix	50
producteurs	pommier blé mûrier	400

La masse principale des producteurs marins est composée d'algues microscopiques formant le phytoplancton.

LES DÉCOMPOSEURS MARINS

Ils se trouvent dans le fond où la matière organique inerte tend à se déposer. Ils abondent dans les fonds abyssaux où tombent tous les restes organiques des couches supérieures de la mer.

LA PYRAMIDE TROPHIQUE OU ÉCOLOGIQUE

C'est une représentation schématique de la quantité de biomasse qui se trouve à chacun des maillons des réseaux trophiques. Chaque étage supérieur est plus étroit que celui sur lequel il s'appuie : par exemple, il y a plus de biomasse végétale que d'animaux qui mangent des végétaux, sinon ces animaux mourraient de faim. Et il en va de même pour chacun des étages supérieurs.

CROISSANCE EXPLOSIVE

Certains organismes se reproduisent très rapidement : pendant quelque temps, un étage supérieur de la pyramide trophique pourra être plus large que le précédent, par exemple le zooplancton marin.

Les pyramides trophiques peuvent se référer à la biomasse, à la quantité d'énergie accumulée, au nombre d'individus, etc.

LA PYRAMIDE TROPHIQUE

carnivore de sommet

carnivores de deuxième ordre

carnivores de troisième ordre

herbivores

producteurs

LA COMPÉTITION ET LA PRÉDATION

L'écosystème contient toutes sortes de ressources dont tous les êtres vivants veulent disposer. Surgit ainsi la compétition, c'est-à-dire la lutte des uns contre les autres pour obtenir un aliment. En outre, chaque être vivant a sa manière particulière de l'obtenir. Les plantes fabriquent elles-mêmes leurs nutriments à partir de l'eau, des minéraux du sol et de la lumière du Soleil. Les animaux, qui en sont incapables, mangent soit des plantes, soit d'autres animaux. Ces derniers sont les prédateurs ou chasseurs.

LA COMPÉTITION POUR LA NOURRITURE

Tous les êtres vivants ont besoin de nourriture pour vivre. Pour les arbres, il s'agit des nutriments du sol et de l'eau qu'ils cherchent à puiser par des racines plus profondes ou plus étendues que celles de leurs voisins. Celui qui y réussira le mieux pourra croître davantage et être plus fort. Les vautours de la savane africaine qui trouvent les restes d'un zèbre luttent entre eux pour s'emparer d'un morceau de viande.

Plus les racines d'un arbre sont grandes, et davantage de ressources (eau, minéraux, etc.) il pourra capter.

Vautours de la savane africaine luttant pour s'emparer d'un morceau de viande de girafe.

Quand plusieurs vautours se jettent sur un cadavre, les premiers à manger sont les plus agressifs ; ce sont les plus affamés.

PARTAGER LES RESSOURCES

Les rapaces nocturnes (hiboux…) et les rapaces diurnes (aigles, buses…) se nourrissent de rongeurs, sans compétition : les uns chassent la nuit, les autres le jour.

Quand plusieurs espèces d'oiseaux occupent un arbre pour nidifier, les uns choisissent le tronc, d'autres la cime, certains les branches basses, etc.

LA COMPÉTITION POUR L'ESPACE

Dans les forêts tropicales, les cimes des arbres forment un couvert qui empêche la lumière d'arriver jusqu'au sol. C'est pourquoi beaucoup de plantes grimpent sur les autres pour atteindre des zones plus hautes et obtenir la lumière dont elles ont besoin. C'est le cas de nombreuses espèces de plantes grimpantes et de lianes. Les animaux sont aussi en compétition pour l'espace. Beaucoup défendent leur territoire contre leurs adversaires. Le territoire d'un carnivore couvre tout l'espace nécessaire pour trouver les proies dont il a besoin pour vivre.

LES PRÉDATEURS

Beaucoup d'animaux se nourrissent d'autres animaux qu'ils chassent : ils sont **carnivores**. On les appelle prédateurs. Pour chasser, la plupart ont développé des griffes, des dents solides ou un bec. Le mode de chasse varie selon les espèces. Ainsi les loups chassent en bandes et se relaient pendant la **poursuite**.

Le guépard chasse les gazelles à **courre**. Le faucon fond sur le pigeon en un **vol en piqué** depuis une grande hauteur. Le jaguar se dissimule au milieu des broussailles pour chasser le pécari à l'**affût**.

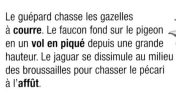

Pour survivre, les prédateurs doivent être plus rapides, plus forts et plus rusés que leurs victimes. À droite, la puissante griffe du guépard ; à gauche, le loup qui chasse en bande.

AUTOCONTRÔLE DANS LA NATURE

Les populations des proies contrôlent celles des prédateurs et inversement.

SUPERPRÉDATEURS

Ce sont des animaux chasseurs qui peuvent se nourrir d'autres chasseurs. Par exemple, l'aigle royal peut chasser les renards.

Beaucoup d'oiseaux de proie se nourrissent de lapins. Une maladie qui fait des ravages chez les lapins entraîne une diminution du nombre d'oiseaux de proie.

Chez les mammifères, le prédateur le plus petit est la musaraigne qui mesure à peine 5 cm et qui pèse environ 6 g.

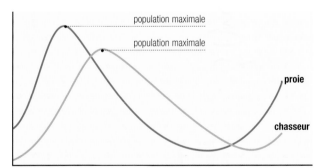

population maximale

population maximale

proie

chasseur

RELATION PRÉDATEUR-PROIE

La population de chasseurs est maximale lorsque les proies se mettent à diminuer ; ils leur survivent quelque temps.

Dans les écosystèmes, il existe toujours un équilibre entre les chasseurs et leurs proies. Si le nombre de proies augmente, les prédateurs ont davantage de nourriture et se multiplient. Mais des prédateurs en surnombre finiront par tuer toutes les proies, et la plupart d'entre eux mourront de faim. Les rares proies survivantes commenceront alors à se reproduire et leur population augmentera, puisqu'il n'y aura presque plus de chasseurs. Ensuite ceux-ci disposeront d'une nourriture abondante et commenceront à se reproduire : la situation se répétera.

L'augmentation des sangliers en Europe vient du fait que le loup, leur ennemi principal, a presque disparu.

LA POPULATION ET SES FLUCTUATIONS

Les individus d'une même espèce ne vivent pas isolés ; ils se réunissent en des territoires déterminés, formant ce que nous appelons des populations. Ce sont des unités très importantes en écologie, parce qu'elles permettent d'étudier le fonctionnement de l'écosystème. Mais les populations ne sont pas permanentes. En effet, elles sont soumises aux mêmes fluctuations que les organismes : elles peuvent soit augmenter, soit diminuer. Outre les fluctuations de leur nombre dans une population, les individus de certaines espèces effectuent aussi des changements réguliers de lieu. Ce sont les « migrations », elles affectent beaucoup d'autres populations.

LES POPULATIONS

Une population est un groupe d'individus appartenant à la même espèce et vivant ensemble dans la même région. Il ne faut pas confondre population et peuplement, ce dernier terme désignant un ensemble d'individus d'espèces différentes, mais d'un même groupe systématique, que l'on rencontre dans un écosystème déterminé. Ainsi, nous pouvons parler de la population humaine de la Terre, si nous nous référons exclusivement à l'espèce humaine. Dans une forêt, il existe un peuplement de mammifères qui inclut la fouine, le sanglier, le loir, la souris… ; mais nous pouvons aussi parler de son peuplement animal pour le distinguer du peuplement végétal.

 Les populations en expansion comportent un plus grand nombre d'individus dans les classes jeunes que dans les classes âgées.

POPULATION HUMAINE

milliards

500 1000 1500 1800 1975 2010 année

POPULATION DE BISONS

millions

début de la chasse

chasse massive

quasi-extinction

1850 1880 1900 2000 année

STRUCTURE DE LA POPULATION

C'est la façon de classer les différentes composantes de la population, par exemple par âge (enfants, jeunes, adultes, vieillards).

POPULATION

Ensemble d'individus d'une même espèce vivant sur un territoire déterminé.

HISTOGRAMME DE LA POPULATION D'EUROPE

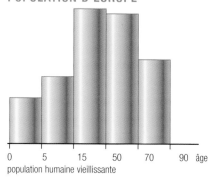

0   5   15   50   70   90   âge
population humaine vieillissante

HISTOGRAMME DE LA POPULATION D'AFRIQUE

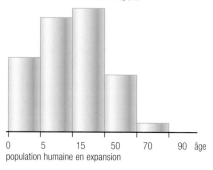

0   5   15   50   70   90   âge
population humaine en expansion

LES RECENSEMENTS DE POPULATION

Pour contrôler la population de certains oiseaux, les individus sont bagués. Sur la photographie, baguage d'un faucon.

Les recensements de l'espèce humaine s'effectuent aujourd'hui en demandant à chaque citoyen d'un pays de remplir un formulaire. Pour de nombreux animaux, les individus sont comptés et marqués afin de connaître leurs déplacements et leur nombre pour chaque groupe. Les oiseaux reçoivent une bague à la patte. Pour certains grands animaux, comme les ours, on emploie des colliers avec des émetteurs radio. Chez les poissons, une bande de plastique est fixée à la base de l'arête dorsale. Tous ces dispositifs de marquage indiquent une référence qui sert à recueillir les données.

LA FLUCTUATION DES POPULATIONS

Les populations naturelles connaissent des changements cycliques, dus aux conditions de leur milieu, et dont l'ampleur est très variable selon les espèces ; mais leur effectif varie en général autour d'une valeur moyenne. Selon la quantité de nourriture disponible, la population comptera plus ou moins d'individus. Il en sera de même selon les conditions climatiques. Ainsi en hiver, les individus plus faibles meurent et la population diminue ; mais à l'arrivée du printemps, d'autres naissent, et la population croît de nouveau. Parfois, les fluctuations sont dues à des facteurs inhabituels, comme par exemple une maladie ou une épidémie.

FLUCTUATION

Changement cyclique du nombre d'individus d'une population au cours d'une période déterminée.

Les populations de rongeurs connaissent souvent de grandes fluctuations : certaines années, ils sont rares, et d'autres, ils deviennent un fléau.

 Les animaux dotés d'un faible taux de natalité, comme les baleines, connaissent peu de fluctuations.

LES MIGRATIONS

De nombreuses espèces animales font régulièrement de grands voyages migratoires, presque toujours dus à la nécessité de chercher de la nourriture. C'est le cas des **gnous** de la savane africaine ou des **rennes** de la toundra dans les régions boréales.
Les **migrateurs** les plus connus sont les oiseaux ; ils se reproduisent l'été à de hautes latitudes où abonde la nourriture, et ils passent l'hiver sous de basses latitudes où ils trouvent une nourriture alors absente des zones de reproduction. Nombre de poissons (thons, saumons) et divers insectes (papillons) migrent aussi.

Les saumons remontent à la source des fleuves où les conditions sont adaptées au développement de leurs œufs.

 La sterne arctique effectue tous les ans des milliers de kilomètres du pôle Nord au pôle Sud, et inversement.

LA RICHESSE DES ÉCOSYSTÈMES

Les êtres vivants qui sont présents dans chaque écosystème dépendent des conditions physiques de leur milieu, de sa géologie ainsi que de certains autres facteurs, et principalement du climat. Tout cela détermine en premier lieu les possibilités de vie des végétaux qui permettront ensuite à la vie animale de se développer. L'écosystème évolue donc jusqu'à ce qu'il parvienne à un état optimal, appelé **climax**. Il atteint alors la richesse et la diversité maximales possibles pour le milieu considéré.

LE CLIMAX

Les écosystèmes ne sont ni rigides ni immuables, mais ils évoluent avec le temps. L'ensemble des êtres vivants de l'écosystème se développe selon une suite de phases dénommées **successions écologiques**. La phase finale, le **climax**, est une association stable d'espèces. Elle reste stable tant que les conditions climatiques et physiques du milieu ne connaissent pas d'importantes variations. L'écosystème est en **équilibre**. Les espèces qui le constituent évoluent alors lentement et sans modifier son équilibre. Les entrées et les sorties d'énergie et de matière demeurent tout le temps stables.

SUCCESSION PRIMAIRE

Cette succession commence dans un écosystème récemment formé.

Le climax est la phase finale d'une succession qui parvient à un développement maximal des espèces pour les conditions d'un milieu donné.

Sur ce dessin, nous voyons les différentes étapes par lesquelles passe une région dont le **climax** serait la forêt. D'abord, la roche mère est colonisée. Quand le sol se forme, l'herbe pousse ; ensuite apparaissent des buissons de faible hauteur. Ils sont ensuite remplacés par des arbustes. À l'étape suivante, des arbres croissent entre les arbustes, jusqu'à ce que ces arbres finissent par occuper tout l'espace pour former une forêt.

Chaque région de la planète a un climax caractéristique. Ainsi, pour la **toundra**, il s'agit de l'herbe et des lichens, puisque les conditions ne permettent pas à des plantes plus grandes de se développer. Le climax du bassin amazonien est la **forêt tropicale**.

SUCCESSION SECONDAIRE

C'est une succession qui se produit dans un écosystème altéré, par exemple par un incendie, pour retrouver son état d'origine.

UN EXEMPLE DE COLONISATION D'UNE ÎLE DÉSERTE

	Année 1	25 ans après	50 ans après	65 ans après
Plantes inférieures	1	12	61	71
Plantes supérieures	0	100	140	220
Insectes	0	150	500	750
Reptiles	0	2	3	4
Oiseaux	0	15	35	45
Mammifères	0	0	3	4

LA DIVERSITÉ BIOLOGIQUE

Pour vanter les richesses naturelles d'une région, on parle de sa grande diversité biologique. Cela signifie qu'un grand nombre d'espèces différentes y vivent. C'est une caractéristique des écosystèmes les plus organisés, c'est-à-dire les plus stables. Quand un écosystème parvient au terme de son évolution naturelle, il est formé d'espèces bien plus nombreuses qu'au début : au fur et à mesure sont apparues de nouvelles **niches écologiques**.

Lorsque le climax n'est pas atteint, un écosystème contient en général une **espèce dominante** dont la population est supérieure à celle des autres espèces.

Les forêts tropicales se caractérisent par leur grande richesse biologique qui se manifeste par leur diversité. Un seul arbre peut abriter des centaines d'espèces différentes.

L'ESPÈCE DOMINANTE

Dans un écosystème, c'est l'espèce qui compte un nombre d'individus très supérieur à celui des autres espèces.

LA DIVERSITÉ

Un écosystème a une grande diversité biologique si, au lieu d'être dominé par une espèce composée de millions de sujets, il inclut de nombreuses espèces réparties en populations plus petites.

La **diversité biologique** garantit la vie de notre planète.

Les **monocultures** (cultures d'une seule espèce) sont très fragiles : un fléau peut détruire toute la récolte.

Les cultures extensives de céréales sont des écosystèmes très dégradés où une céréale (blé, maïs) est l'espèce dominante. En outre, l'homme se charge de détruire presque toutes les espèces restantes.

LES MERS ET LES LITTORAUX

Presque les trois quarts de la Terre sont recouverts par les eaux des mers et des océans ; en outre, c'est dans la mer qu'est apparue la vie sur notre planète. C'est pourquoi la mer constitue un milieu très important, même s'il reste encore mal connu. Les conditions de vie sont bien différentes dans l'eau et sur terre : en conséquence, les organismes marins sont pourvus de caractéristiques particulières. Les mers ne constituent pas un milieu uniforme : elles comportent en leur sein des zones et des régions bien distinctes.

LE MILIEU MARIN

Dans l'eau, il existe une poussée vers le haut qui compense en partie la **force de gravité** : un animal devra y faire moins d'efforts que sur terre pour remuer son corps. Aussi les baleines, qui sont les plus grands animaux vivants, se trouvent-elles dans la mer. Même les arthropodes marins, comme les **crustacés**, atteignent des dimensions très supérieures à celles des arthropodes terrestres, comme les **insectes**. Le milieu marin impose presque toujours une autre nécessité : celle d'être pourvu de branchies afin d'absorber l'oxygène dissous dans l'eau.

Langouste

Les différences de températures sont bien plus faibles en mer que sur terre. La mer se refroidit ou se réchauffe moins et plus lentement que l'air.

Les crustacés sont des arthropodes marins ; ils ont une taille supérieure à celle des insectes qui sont des arthropodes terrestres.

Sauterelle

LA SALINITÉ

C'est la quantité en grammes de sels. La salinité moyenne de la mer est de 35 pour mille : il y a donc 35 grammes de sels dans un kilogramme d'eau.

LES PRINCIPAUX COMPOSANTS DE L'EAU DE MER (g/l)

Chlorure de sodium (NaCl)	26,51
Chlorure de magnésium (MgCl$_2$)	2,25
Sulfate de magnésium (MgSO$_4$)	3,30
Chlorure de calcium (CaCl$_2$)	1,14
Chlorure de potassium (KCl)	0,72

LA SUPERFICIE DES OCÉANS

Océans	km^2	% du total
Pacifique	166 241 000	46
Atlantique	86 557 000	23,9
Indien	73 427 000	20,3
Arctique	9 485 000	2,6
Toutes les mers	26 266 000	7,2

LA ZONATION DES ÉCOSYSTÈMES OCÉANIQUES

LES ZONES MARINES

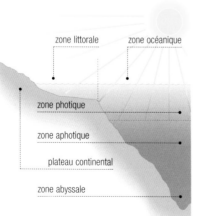

zone littorale   zone océanique

jusqu'à 150-200 m de profondeur

zone photique

zone aphotique

plateau continental

zone abyssale

jusqu'à 11 000 m de profondeur

Si nous contemplons la mer depuis le rivage, donc de l'extérieur, sa surface paraît uniforme. Pourtant, les zones les plus proches de la côte, appelées **zones littorales**, sont différentes de celles du **plein océan**. De même, en profondeur, une zonation verticale permet de distinguer différents étages. La profondeur à laquelle parvient la lumière représente une ligne de partage importante. Au-dessus de cette limite, les plantes marines peuvent vivre, mais en dessous commence un monde presque plongé dans les ténèbres, où la lumière du Soleil ne parvient pas, et qui atteint de grandes profondeurs dans la zone abyssale.

ZONE APHOTIQUE

Zone où les rayons solaires n'arrivent pas. C'est la plus profonde : en certains endroits, elle peut dépasser 11 000 m.

ZONE PHOTIQUE

Zone où arrivent les rayons solaires. Sa profondeur dépend de la transparence de l'eau, mais elle atteint au maximum 200 m.

LES LITTORAUX

Ils forment une limite entre la mer et la terre. Ce sont des lieux de grande activité biologique : certaines plantes et certains animaux vivent à la fois sur terre et dans la mer, même s'ils appartiennent en général à l'un de ces deux milieux et utilisent l'autre, par exemple pour se nourrir. Il existe de nombreux types de littoraux : sablonneuse et sans accident, découpés ou formés par des falaises rocheuses. Les conditions de vie dans les zones littorales sont très difficiles pour les plantes comme pour les animaux. Les écosystèmes sont très variés. Leur productivité et leur diversité biologique sont très grandes.

LES CINQ MERS LES PLUS VASTES

Nom	Surface (km^2)	Profondeur maximale (m)
Mer de Corail	4 791 000	9165
Mer d'Oman	3 683 000	5800
Mer de Chine méridionale	2 974 600	4572
Mer des Caraïbes	2 515 900	7680
Mer Méditerranée	2 510 000	5020

La plupart des espèces pêchées pour la consommation humaine vivent sur le plateau continental.

Le plateau continental est la zone qui entoure les continents. Plus ou moins large, il peut atteindre 200 m de profondeur.

LES PLANTES ET LES ANIMAUX MARINS

Dauphins

Les organismes marins peuvent soit vivre libres sur le fond, comme les oursins et les langoustes, soit rester fixés aux roches, comme les moules ou les algues brunes. D'autres vivent loin du fond. Certains sont très petits et vivent en suspension, comme de nombreux protozoaires, tandis que d'autres sont assez grands et nagent activement, comme les poissons ou les baleines.

De nombreux organismes marins vivent fixés aux roches, comme les moules, les algues, etc.

LE PLANCTON

C'est l'ensemble des organismes de très petite taille qui vivent en **suspension** dans l'eau.

BENTHIQUES ET PÉLAGIQUES

Les organismes (**benthos**) vivent sur les fonds marins, à différentes profondeurs. Les organismes pélagiques (**necton**) vivent en nageant librement dans les eaux littorales comme dans celles de la haute mer.

LES ÉCOSYSTÈMES D'EAU DOUCE

De sa naissance – source ou glacier – à son embouchure – lieu de rencontre avec la mer –, un cours d'eau présente une grande variété de milieux et de conditions écologiques distinctes. Chacune de ses zones possède une flore et une faune spécifiques.

Le cours d'eau est un écosystème en perpétuel changement. Son importance est capitale pour la vie des régions qu'il traverse. Les étangs et les lacs sont des nappes d'eau dormante qui ont quelques caractéristiques en commun avec les mers.

LES EAUX COURANTES

Le système de circulation du sang dans notre corps illustre parfaitement le fonctionnement d'un cours d'eau. Ici, l'eau – élément indispensable à la vie d'une région – est acheminée par un fleuve, ses affluents, rivières, ruisseaux… La végétation peut croître alentour et de nombreux animaux viennent y boire. En outre, les profondeurs de ses eaux abritent une flore et une faune riches.

LE BASSIN

C'est l'ensemble de tous les cours d'eau qui se jettent dans un même fleuve. Les différents bassins sont séparés par de grands accidents géographiques (déserts, montagnes, etc.).

Un cours d'eau est un excellent indicateur du bon état des écosystèmes de ses alentours.

LES RÉGIONS D'UN COURS D'EAU

Cours	Conditions	Fond	Végétation	Faune
Supérieur	courant rapide, température basse	roches et galets	très rare ou absente	nageurs rapides ou sujets de fond
Médian	courant moyen, température moyenne	pierres et sable	située dans les nappes dormantes	nageurs moyens
Inférieur	courant lent, température élevée	sable et limon	très abondante	nageurs médiocres ou organismes flottants

L'Amazone (7025 km de long) est le fleuve le plus long du monde. Elle traverse presque l'Amérique d'est en ouest.

LES PARTIES D'UN COURS D'EAU

cours supérieur

cours médian

cours inférieur

LES COURS D'EAU ET LEURS HABITANTS

Un cours peut se diviser en régions selon sa structure physique ou selon les organismes qui y vivent, même si ces derniers dépendent surtout des conditions physiques que présente chaque tronçon. Dans sa partie initiale, le cours d'eau a un faible débit, mais une pente souvent prononcée. Les animaux et les plantes qui y vivent doivent s'adapter à une température froide, un courant très vif et un lit composé en général de grosses pierres. Ces conditions s'adoucissent à mesure que le cours d'eau arrive jusqu'à son embouchure. Là, son débit est maximal, mais le courant est beaucoup plus faible ; les limons et les sables prédominent sur le fond.

LE DÉBIT

C'est la quantité d'eau qui circule dans un cours d'eau (en m³) par unité de temps (en seconde). À l'embouchure, le débit moyen de l'Amazone est de 200 000 m³/s.

LE LAC

Les lacs sont des écosystèmes assez récents : ils existent depuis peu de temps à l'échelle de la planète. Ce sont des masses d'eau dormante, ou de très **faible courant** lorsqu'un cours d'eau les traverse. Ils occupent des dépressions naturelles de terrain. Certains sont nés dans d'anciens cratères volcaniques que la pluie a fini par remplir, d'autres dans les cuvettes laissées par les glaciers ou dans des effondrements de terrain. À certains égards, ils ressemblent aux mers : ils se divisent en zones distinctes selon leur profondeur. Ils jouent aussi un rôle écologique très important, surtout dans les régions arides.

LE LAC TITICACA

Situé à 3812 m d'altitude dans une zone aride de l'Altiplano andin, le lac Titicaca, qui est très étendu (8340 km²), exerce une influence certaine sur le climat de la région voisine : il permet de cultiver des espèces agricoles absentes du reste de l'Altiplano.

Introduction

Le milieu physique

L'écosystème

Les êtres vivants

Les biomes

L'écologie appliquée

La pollution de l'eau et de l'air

Les autres pollutions

Les énergies alternatives

Recycler pour économiser

Les problèmes écologiques

Un comportement écologique

Les nouvelles technologies

Les espaces protégés

Le mouvement écologiste

Index

LA VIE DANS LES EAUX DOUCES
(quelques espèces typiques de diverses régions de la planète)

Lieu	Végétaux	Invertébrés	Vertébrés
Cours d'eau : cours supérieur	arbres sur les berges	écrevisses, quelques insectes	martins-pêcheurs, truites
Cours d'eau : cours moyen	arbres sur les berges, roseaux	écrevisses, bivalves, larves d'insectes	barbeaux, piranhas, loutres, canards, grenouilles, tortues, crocodiles, hippopotames
Cours d'eau : cours inférieur	arbres sur les berges, roseaux, plantes immergées	bivalves, vers, larves d'insectes	anguilles, poissons électriques, flets, dauphins d'eau douce, hérons
Lac de plaine	arbres sur les berges, roseaux, plantes immergées	larves d'insectes, vers	barbeaux, perches, canards, hérons

Les lacs en général, et en particulier ceux de grandes dimensions, atténuent les rigueurs climatiques de la région dans laquelle ils se trouvent.

→ Le plus grand lac du monde est la **mer Caspienne** : c'est un lac d'eau salée de 371 000 km².

LES RECORDS

Le plus grand lac d'eau douce du monde est le **lac Supérieur**, en Amérique du Nord, qui occupe 81 000 km². Le plus profond est le **lac Baïkal**, en Sibérie : il atteint 1620 m de profondeur.

LES ÉTANGS, LES LACS, ET LEURS HABITANTS

Dans les **étangs** et les **lacs**, il existe plusieurs zones qui vont des rives jusqu'au fond. Dans les lacs, en général plus grands que les étangs, la lumière ne peut atteindre le fond des régions profondes. Il existe une échelle de végétation partant des arbres qui poussent sur terre, ou parfois à demi immergés, jusqu'aux plantes qui ont leur racines au fond et qui sont capables de vivre complètement immergées. Dans chacune de ces zones vivent des animaux différents. Certaines espèces sont adaptées aux zones d'eau stagnante ou de faible courant, espèces qu'on observe dans les lacs, mais non dans les cours d'eau.

LA VIE DANS UN ÉTANG

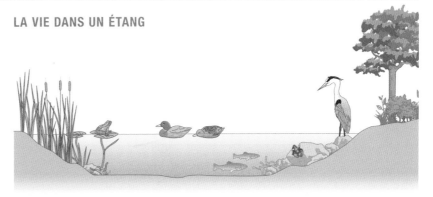

LES FORÊTS

Les écosystèmes forestiers sont bien plus qu'une simple accumulation d'arbres. Dans ces communautés, des plantes et des animaux vivent ensemble, en parfait équilibre. Selon les régions de la planète et les climats où ils se développent, ces écosystèmes forestiers adoptent des formes très diverses, depuis la **taïga** des régions froides jusqu'aux **forêts tropicales**.

LA TAÏGA

Cette **forêt boréale** constitue une vaste frange située à haute latitude dans l'hémisphère Nord, avec des températures très basses en hiver et un été relativement court. Les **conifères** (pins et sapins) y dominent presque exclusivement et les arbres à feuilles caduques n'apparaissent qu'au bord des lacs. Seuls quelques animaux y demeurent toute l'année, la majorité migrant en automne pour des latitudes plus basses.

Élan

Les animaux qui peuplent la taïga sont adaptés à la rudesse de son climat.

En Sibérie, la taïga atteint son extension maximale, soit 1000 km de long sur 4800 km de large.

LA FORÊT TEMPÉRÉE

Elle s'étend dans les **régions tempérées** des deux hémisphères, avec quatre saisons bien marquées. On l'appelle aussi **caducifoliée**, parce que les arbres dominants ont des feuilles caduques (hêtres, bouleaux, tilleuls, chênes, noisetiers, ormes, etc.). Le **sous-bois** est très riche : fraises, myrtilles, bruyères, etc., d'où une nourriture végétale abondante qui permet l'existence d'une faune riche et variée : cerfs, ours, renards, loups, chevreuils, blaireaux, loirs, coqs de bruyère, aigles, milans, grenouilles, salamandres, fourmis, papillons, etc.

Coq de bruyère

LES HABITANTS DE LA TAÏGA

Parmi les hôtes permanents les plus typiques de ces forêts, citons les renards, les loups, les élans, les hiboux, les balbuzards, les martres, les gloutons, les lièvres, etc.

Balbuzard

La hêtraie de la vallée d'Ordesa (Espagne) est un bon exemple de forêt tempérée.

La forêt tempérée caducifoliée d'Amérique a une diversité plus grande que celle d'Eurasie : les montagnes y sont orientées du nord au sud, ce qui facilite la migration des espèces.

LA FORÊT MÉDITERRANÉENNE

Cette forêt d'arbres à feuilles dures et **persistantes** durant toute l'année (chênes verts, chênes-lièges, oliviers) résiste bien à la sécheresse estivale. Elle doit son nom au fait qu'elle est typique de la région méditerranéenne, mais il en existe aussi en Afrique du Sud et aux latitudes moyennes des côtes orientales d'Amérique du Nord et du Sud. Elle est peuplée, entre autres, de sangliers, de renards, de lapins, de lynx et de vautours.

Le chêne-liège, typique de la forêt méditerranéenne, se différencie du chêne vert par son écorce épaisse et légère qui sert à fabriquer des bouchons.

LE MAQUIS

Formé d'arbustes résultant de la dégradation de la forêt de chênes-lièges par le feu, il est très important pour la faune.

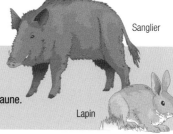

Sanglier

Lapin

LA FORÊT AMAZONIENNE

Cette forêt d'arbres à **larges feuilles** toujours vertes, avec une grande humidité ambiante, abrite une des concentrations les plus fortes d'espèces de la planète. Elle forme un énorme dôme sous lequel se maintient un **microclimat** uniforme toute l'année. Les espèces de bois précieux y abondent, ainsi que les fougères, les orchidées et les plantes grimpantes. Serpents, toucans, colibris, perroquets, piranhas, caïmans, jaguars, tapirs, anacondas, et bien d'autres espèces animales la peuplent.

Toucan

FRAGILITÉ DE L'ÉCOSYSTÈME

Les **forêts tropicales** sont les principaux poumons de la Terre, mais ces écosystèmes sont très sensibles aux changements : toute altération peut les détruire d'une manière irréversible.

La forêt amazonienne occupe une superficie d'environ 7 millions de kilomètres carrés.

LA FORÊT DE MOUSSON

Elle ressemble à la forêt tropicale, mais croît dans le Sud-Est asiatique. Le climat de cette région n'est pas uniforme : il connaît une saison **humide**, avec les pluies de la **mousson**, et une saison sèche. Aussi la végétation s'adapte-t-elle à ces changements. Parmi ses habitants, elle compte des serpents, des tigres, des léopards, des panthères, des faisans, des gibbons, des orangs-outangs, des rhinocéros…

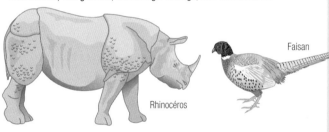
Faisan
Rhinocéros

L'exploitation du bois et les incendies forestiers ont fait disparaître une grande partie de la forêt de mousson.

LA MANGROVE

Il s'agit d'un écosystème forestier très particulier, formé d'espèces qui poussent dans l'eau des zones **côtières tropicales** et **subtropicales**. Les arbres qui la forment et qui lui donnent son nom sont les mangliers ou **palétuviers**. Leurs longues racines aériennes leur permettent de coloniser la mer. C'est un milieu où se mêlent vie marine (poissons, crabes…) et vie terrestre (singes, oiseaux…).

Crabe

La mangrove abrite une faune exubérante et essentiellement amphibie.

POISSONS À POUMONS

Ce groupe particulier de poissons, capables de respirer l'air atmosphérique, peut se déplacer dans les branches des arbres de la mangrove et dans les terrains humides.

LES PRAIRIES

Les graminées constituent un type de formation végétale très étendu. Ce sont des herbes qui atteignent une hauteur variable selon le climat. En terrain plat, elles produisent des écosystèmes caractéristiques comme les **savanes** africaines, les **pampas** sud-américaines, la **steppe** eurasiatique et la **prairie** nord-américaine. C'est un milieu idéal pour les grands herbivores et pour les chasseurs adaptés aux régions découvertes. La vue est un organe important dans ce milieu, et la rapidité à la course une qualité indispensable pour chasser ou pour éviter d'être chassé.

LA SAVANE AFRICAINE

Il y a deux types de savanes : la **savane herbeuse** et la **savane arbustive** avec des broussailles. Dans les deux cas, de grands arbres, isolés ou par petits groupes, y poussent également. Le climat se caractérise par des températures moyennes élevées et par l'alternance de deux saisons : une **saison sèche** et une **saison des pluies**. En conséquence, quand les pâturages s'épuisent, nombre d'herbivores (comme les gnous) doivent **migrer** dans d'autres régions.

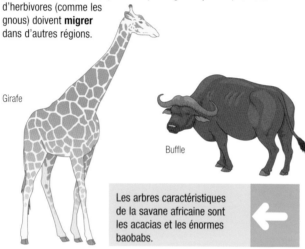

Girafe

Buffle

Les arbres caractéristiques de la savane africaine sont les acacias et les énormes baobabs.

La savane africaine durant la saison sèche.

La savane reçoit par an un total d'eau de pluie d'environ 700 mm.

LES HABITANTS DE LA SAVANE

prédateurs	lions, guépards, léopards, hyènes, lycaons, aigles
proies	éléphants, girafes, gazelles, gnous, antilopes, zèbres, autruches, buffles, papions, babouins

LES PAMPAS SUD-AMÉRICAINES

Un aspect de la pampa argentine, avec les contreforts méridionaux des Andes en arrière-plan.

Dans la partie septentrionale de l'Amérique du Sud se trouvent de vastes **plaines** où les températures moyennes élevées toute l'année et les pluies favorisent le développement d'une végétation herbeuse. On y distingue deux saisons : une saison sèche et une saison des pluies. À l'autre extrémité du continent, dans le tiers méridional à l'est des Andes, s'étendent les **pampas**. Ce sont de grandes prairies de climat tempéré où prédominent des graminées courtes. Les pampas ont un régime de quatre saisons, et selon les précipitations, il existe une **pampa sèche** et une **pampa humide**.

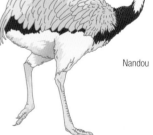

Nandou

Tatou

Dans les plaines, la température moyenne annuelle varie entre 25 °C et 28 °C, et les précipitations annuelles sont de 1500 mm.

LES HABITANTS DES PAMPAS ET DES PLAINES

plaines	chauves-souris, harpies, pécaris, cerfs, mulets, jaguars, anacondas, tatous, cabiais, renards crabiers, kamichis
pampas	viscaches, loups à crinière, maras, nandous, tinamous

Dans la pampa, la température moyenne annuelle est de 16 °C, et les précipitations annuelles varient entre 400 mm (pampa sèche) et 1000 mm (pampa humide).

LA STEPPE EURASIATIQUE

Elle forme une vaste frange de terrain qui va de l'Europe orientale jusqu'à l'extrémité orientale de l'Asie. Elle s'étend au sud de la forêt **caducifoliée** et précède les régions désertes du Centre asiatique. Son climat est de type **continental**, avec des hivers froids et des étés très chauds. C'est le domaine incontesté des graminées, avec une absence presque totale d'arbres. Selon la pluviosité plus ou moins forte, on distingue la prairie haute, mixte, et basse. Au fil des siècles, des cultures céréalières ont remplacé la steppe dans de nombreuses zones.

Chacal

PRÉCIPITATIONS ET TEMPÉRATURE

La steppe eurasiatique atteint environ 4000 km de long. Les précipitations annuelles y varient entre 300 mm et 1000 mm. En été, la température dépasse 30 °C et, en hiver, elle atteint - 30 °C.

LES HABITANTS DE LA STEPPE

prédateurs	loups, chacals, aigles
proies	hamsters, souris, marmottes, saïgas, canepetières, outardes

Marmotte

Un aspect de la steppe sibérienne, en république autonome de Khakassie.

LA PRAIRIE NORD-AMÉRICAINE

Bisons au bord d'un lac de la prairie nord-américaine.

Blaireau

Il s'agit d'une formation très similaire à la **steppe eurasiatique**, mais avec une plus grande richesse biologique. Elle s'étend du centre du Canada au nord du Mexique. Elle ne reste actuellement préservée que dans quelques **réserves** et **parcs nationaux** : elle a été transformée en pâtures pour les troupeaux et en cultures de céréales. Mais, à la différence de la steppe eurasiatique, le changement a été si rapide que la faune n'a pas pu s'adapter et qu'elle a en grande partie disparu.

PRÉCIPITATIONS ET TEMPÉRATURE

Les précipitations annuelles de la prairie américaine varient entre 250 mm et 1200 mm. En été, la température dépasse 30 °C, et en hiver elle atteint - 30 °C.

LES HABITANTS DE LA PRAIRIE

prédateurs	loups, chacals, aigles
proies	bisons, chiens de prairie, antilocapres, dindons sauvages, blaireaux

Loup

LES MILIEUX ARIDES

Ce nom désigne tous les écosystèmes dont la **rareté de l'eau** est une des caractéristiques essentielles. Les exemples les plus manifestes de ce type de milieu sont les **déserts**, qu'ils soient froids ou chauds. Cependant, nous y inclurons aussi d'autres écosystèmes où il peut y avoir de l'eau, et même en abondance, mais sous une forme qui n'est pas utilisable pour les plantes : le résultat final est alors le même. La **toundra** et les **régions polaires** font partie de ces derniers milieux.

LES DÉSERTS CHAUDS

Ce sont de grandes étendues de terre, totalement ou presque dépourvues de végétation, où les températures moyennes sont très élevées, même si elles baissent parfois beaucoup durant la nuit, et avec des précipitations très rares qui ne tombent qu'au bout d'un certain nombre d'années. En conséquence, la vie végétale se réduit à quelques plantes capables de résister à la sécheresse – qui jaillissent et croissent pendant les quelques rares jours de pluie – ou à celles qui poussent dans les oasis.

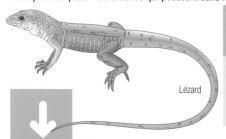

Lézard

L'OASIS

C'est une petite région fertile dans un désert grâce à l'émergence locale d'une nappe aquifère.

Dans les déserts, comme ici en Libye, les manifestations de vie sont très rares.

Le désert du Sahara occupe une surface de 9 100 000 km².

Les déserts nord-américains se caractérisent par leur grande richesse en cactus, dont les gigantesques saguaros ou cierges.

QUELQUES HABITANTS DES DÉSERTS

Déserts africains	dromadaires, oryx, gazelles, lézards, gangas, traquets, fennecs, chats des sables, sauterelles, lynx, caracals, faucons
Déserts nord-américains	écureuils terrestres, monstres de Gila, serpents à sonnette, coyotes, lynx roux, renards « kits », rats-kangourous

LE SAHEL

C'est une frange de 200 à 600 km de large sur 5500 km de long, située au sud du Sahara et dotée d'un climat semi-désertique.

LES DÉSERTS FROIDS

La principale différence entre ces déserts et les précédents est leur température moyenne annuelle, beaucoup plus basse. En hiver, elle peut atteindre - 30 °C, même si en été une chaleur torride peut y régner. Cependant les adaptations de la faune sont similaires ; ainsi beaucoup d'animaux vivent sous terre pour se protéger des températures, hautes ou basses, et ils ne sortent que pour chercher de la nourriture. Afin de résister au froid, d'autres, comme les chameaux, ont un dense pelage hivernal qu'ils perdent à l'arrivée de l'été.

Caravane de chameaux dans les dunes de Khongoryn (Mongolie), dans le désert de Gobi.

Le désert de Gobie occupe une surface d'environ 2 000 000 km².

LES ANIMAUX DU DÉSERT

Le chameau de Bactriane (à 2 bosses) et la gazelle de Mongolie sont caractéristiques de la faune des déserts du Centre asiatique. D'autres animaux, comme le loup et le faucon, viennent des steppes environnantes.

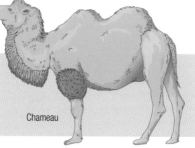

Chameau

LES DUNES

Elles sont formées par le vent qui accumule le sable qu'il charrie autour des obstacles qu'il rencontre.

LA TOUNDRA

Elle est constituée de vastes plaines. Le sol, à partir d'une certaine profondeur, reste toujours gelé. En conséquence l'été, quand sa surface dégèle, de vastes régions marécageuses se forment. La couche de sol est très mince : seuls y poussent des lichens, des mousses et quelques herbes. Ce milieu est idéal pour les oiseaux aquatiques qui viennent s'y reproduire par millions. Les plantes aquatiques germent et donnent des fruits en très peu de temps ; de même, les insectes accomplissent leur cycle avec rapidité. La nourriture est alors très abondante.

Canard royal

La végétation de la toundra est très pauvre, mais très résistante aux rigueurs du climat.

PERGÉLISOL

Le **pergélisol**, ou **permafrost**, est la partie du sol qui reste gelée toute l'année.

La toundra s'étend sur l'extrémité septentrionale de l'Amérique du Nord et de l'Eurasie. Elle occupe aussi un petit territoire à l'extrémité méridionale sud-américaine.

LES RÉGIONS POLAIRES

L'Antarctique a une superficie de 14 400 000 km².

Autour des deux pôles de la Terre s'étendent les régions polaires. Dans cet écosystème, la nuit hivernale comme le jour estival durent 24 heures. Les températures y sont très basses, et une petite partie de la glace fond seulement pendant l'été. Les précipitations y sont rares, parfois même nulles en certains endroits de l'Antarctique. Cependant, elles sont suffisantes pour fournir de la neige. Une différence essentielle est qu'au pôle Nord l'**Arctique** forme une calotte de glace qui flotte sur la mer, alors qu'au pôle Sud l'**Antarctique** est un continent recouvert d'une épaisse couche de glace.

Manchot

Mouette

Les glaces de l'Antarctique recouvrent un continent, au contraire de celles de l'Arctique sous lesquelles il n'y a pas de terre ferme.

VÉGÉTATION ANTARCTIQUE

En certains points libres de glace poussent des mousses et des lichens.

Dans l'Arctique, les conditions climatiques ne permettent pas d'établir des colonies humaines. L'existence de petits villages n'est possible que dans la zone du cercle polaire arctique.

FAUNE TYPIQUE DE L'ANTARCTIQUE

oiseaux	manchots, mouettes, sternes
mammifères	phoques, éléphants de mer, léopards de mer, baleines

FAUNE TYPIQUE DE L'ARCTIQUE

oiseaux	mouettes
mammifères	ours blancs, phoques, morses, baleines

L'océan Glacial Arctique a une surface d'environ 14 millions de kilomètres carrés et il atteint une profondeur maximale de 5449 m.

LES MONTAGNES ET LES TERRES D'ALTITUDE

Les écosystèmes situés au-dessus d'une certaine altitude supposent, pour les êtres vivants, une adaptation à une quantité moindre d'oxygène dans l'air, à des températures plus basses et, dans le cas des montagnes, à des sols érodés. Ces conditions difficiles ont entraîné le développement d'une faune et d'une flore spécialisées, mais elles ont aussi permis à beaucoup de ces milieux de servir de lieux de refuge pour de nombreuses espèces menacées ailleurs par la densité humaine.

LA MONTAGNE

Les montagnes résultent d'un plissement de la croûte terrestre. Selon le lieu où elles apparaissent, le degré de leur pente et l'altitude qu'elles atteignent, elles forment des séparations infranchissables entre des régions de la planète. Les montagnes jouent le rôle d'une **barrière géographique** qui évite la dispersion de nombreuses espèces. La montagne forme un écosystème où règnent des conditions différentes de celles des environs.

Le sommet du Cotopaxi, un volcan actif des Andes équatoriales, atteint 5943 m. Il est couvert de neiges éternelles à partir de 5000 m.

BARRIÈRE GÉOGRAPHIQUE

Tout obstacle infranchissable pour une espèce et qui empêche sa dispersion. Favorise la différenciation de grands groupes végétaux ou animaux.

Il existe 14 pics qui dépassent 8000 m de hauteur, et ils se trouvent tous dans la chaîne de l'Himalaya. Seuls sept ou huit alpinistes dans le monde ont vaincu tous ses sommets.

LA RÉPARTITION DE LA VÉGÉTATION

En montant de la vallée vers le sommet, on rencontre différents types de végétation. Aux prairies se substituent les forêts caducifoliées auxquelles succèdent ensuite les conifères, plus résistants au froid. Le dernier étage est formé de prairies séparées des forêts par une zone de broussailles, puisque les arbres ne peuvent pas pousser à cette hauteur. La lisière de la végétation marque la limite des neiges éternelles où s'étendent parfois des **glaciers**.

LES PRINCIPALES MONTAGNES DU MONDE

Afrique	Kilimandjaro (Tanzanie)	5895 m
Amérique du Nord	McKinley (Alaska)	6194 m
Amérique centrale et du Sud	Aconcagua (Argentine)	6959 m
Asie	Everest (Népal)	8848 m
Europe	mont Blanc (France)	4807 m
Océanie	Wilhelm (Australie)	4508 m

neiges éternelles

prairie alpine

broussailles

forêt de conifères

forêt caducifoliée

prairie arborée

pôles

toundra

taïga

forêt tempérée

forêt méditerranéenne

savane

L'ÉTAGE ALPIN

L'étage alpin désigne chacune des zones de végétation caractéristiques d'une altitude donnée.

En montagne, la **température** diminue, par rapport à celle de la région environnante, d'environ 1 °C tous les 150 m d'altitude.

Les étages alpins concordent avec la répartition en latitude des divers écosystèmes.

LES HAUTS PLATEAUX

Les hauts plateaux ainsi que les grandes plaines situées à haute altitude entre des montagnes réunissent à la fois les caractéristiques propres à la montagne, comme la diminution de l'oxygène et la baisse de la température, et celles des plaines, c'est-à-dire l'absence de grands reliefs. Dans ces régions, les précipitations sont rares : la végétation ressemble presque toujours à celle de la **steppe** ou de la **toundra**.

L'ALTIPLANO ANDIN

C'est l'ensemble des terres hautes situées de 3600 à 4000 m d'altitude dans les Andes. Il s'appelle **páramo** dans la région septentrionale, et **puna** dans la région méridionale.

Dans l'Altiplano andin se trouvent certaines des régions les plus sèches de la planète, comme le désert d'**Atacama**. Il couvre plus de 130 000 km² et a une altitude moyenne de 600 m.

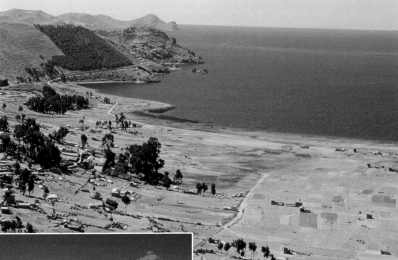

Entre la Bolivie et le Pérou, dans l'altiplano andin, à presque 4000 m d'altitude, s'étend l'immense lac Titicaca.

La sécheresse des hauts plateaux est principalement due aux chaînes de montagnes qui les entourent et qui ont un effet d'écran : elles empêchent ainsi l'arrivée des nuages chargés d'humidité.

LE PLATEAU TIBÉTAIN

C'est un vaste territoire en pente, d'environ 1 200 000 km², qui va de 2700 m dans sa partie la plus basse jusqu'à 5000 m dans la plus élevée. Sa végétation et sa faune s'appauvrissent à mesure que l'altitude augmente.

En montagne et sur les hauts plateaux, les rayons solaires sont plus intenses car la couche d'atmosphère est plus mince. Cela favorise l'apparition de mutations. Ici, le plateau tibétain.

LES SOURCES DE POLLUTION

Polluer un milieu signifie introduire un élément, une matière ou un organisme, qui empêche le fonctionnement naturel de l'écosystème et affecte ainsi les êtres qui y vivent. Il existe quatre principaux types de pollution d'un milieu : l'accumulation de matières qui ne se dégradent pas, l'introduction de substances toxiques pour les êtres vivants qui l'habitent, le rejet d'un excès de résidus minéraux, et enfin l'introduction d'espèces étrangères à l'écosystème.

NON DÉGRADABLE

Quand une matière ne s'intègre pas dans un cycle naturel parce que les organismes vivants ne peuvent pas l'utiliser, on dit qu'elle ne se dégrade pas. Elle s'accumule alors dans le milieu et occupe l'espace disponible. C'est ce qui se passe avec les plastiques et les pneumatiques. Ainsi, un sac en plastique abandonné sur le sol d'une forêt ou d'une prairie et qui recouvre une plante empêche celle-ci de pousser, parce qu'il ne laisse passer ni l'air ni la lumière.

LES MÉTAUX LOURDS

Les sous-produits industriels contiennent des métaux lourds (cuivre, plomb, mercure…) qui sont toxiques pour les êtres vivants et qui empoisonnent les écosystèmes.

L'accumulation de matières plastiques peut entraver la croissance normale d'un bois.

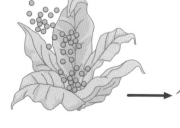

L'utilisation de poisons pour tuer les rats fait courir le danger que ces produits s'accumulent dans le corps des rongeurs en quantité suffisante pour empoisonner ensuite les chats, les renards et les hiboux qui les mangent.

 Quand l'usage de pesticides s'impose, il faudrait toujours en choisir qui ne s'accumulent pas dans la nature.

BIODÉGRADABLE

Les matières et les produits biodégradables peuvent se dégrader de façon naturelle.

Les tortues marines, confondant les sacs en plastique avec les méduses dont elles se nourrissent, avalent ces sacs. Une fois dans leur tube digestif, ils forment un bouchon qui empêche le passage des aliments : la tortue finit par mourir de faim.

LES PRODUITS TOXIQUES

Les insecticides, herbicides et autres pesticides sont des produits chimiques utilisés pour détruire certains animaux, champignons ou plantes qui nous importunent, comme les pucerons qui ravagent notre jardin. Pourtant, les produits qui tuent les pucerons sont également toxiques pour les autres organismes du milieu, par exemple pour les coccinelles qui mangent les pucerons et pour les oiseaux qui mangent les coccinelles. De cette façon, les produits toxiques passent d'un animal de la chaîne alimentaire à l'autre, en affectant chaque fois davantage d'êtres vivants.

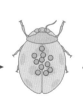

La chaîne des pesticides.

LES RÉSIDUS MINÉRAUX

Dans ce type de pollution, le milieu reçoit trop de résidus provenant des **engrais** apportés pour faire croître des végétaux. Il en résulte en général un excès de **phosphore** et d'**azote** : ce sont les principaux éléments utilisés pour augmenter la production des cultures. Avec un apport excessif d'azote et de phosphore dans le milieu, l'équilibre entre les organismes est rompu et les végétaux pullulent. Dans le cas d'un lac, les algues poussent tellement que l'oxygène s'épuise et que les animaux meurent.

Dans ce lac, il y a tant de résidus minéraux que les algues ont poussé en quantité excessive, donnant cette couleur verte à l'eau.

Les produits qui favorisent le plus l'eutrophisation sont les détergents et les engrais : ils contiennent une grande quantité de phosphore et d'azote.

L'EUTROPHISATION

C'est l'excès de résidus minéraux dans un milieu, généralement aquatique, qui provoque un développement végétal excessif.

LES ESPÈCES EXOTIQUES

L'introduction du lapin en Australie a provoqué un désastre : la compétition alimentaire avec les marsupiaux était favorable au lapin.

Bien qu'il ne s'agisse pas d'une pollution à proprement parler, l'introduction d'espèces exotiques dans un écosystème peut s'avérer extrêmement préjudiciable. Dans la majorité des cas, les organismes sont incapables de vivre dans un milieu étranger au leur ; cependant, une espèce est parfois capable de s'adapter : elle occupe alors la même niche écologique qu'une ou plusieurs espèces autochtones. C'est pourquoi elle leur est clairement nuisible. Quand on introduit un prédateur exotique dans un milieu, souvent les espèces autochtones ne disposent d'aucun moyen de défense contre lui.

En introduisant un animal exotique, par exemple un oiseau, dans un lieu où il est étranger, nous pouvons causer un grave préjudice à la nature.

L'introduction de nouveaux poissons pour rehausser l'intérêt local cause peu à peu la disparition des poissons d'origine.

L'ÉCOLOGIE DE TERRAIN

L'écologie est l'une des sciences les plus complètes, tant d'un point de vue de la théorie que de la pratique : elle est multidisciplinaire et englobe la physique, la chimie, la zoologie, la botanique, la météorologie et bien d'autres sciences. Elle recourt à de nombreuses techniques pour recueillir des informations sur les écosystèmes, leur productivité, les relations entre leurs habitants, le comportement des espèces, etc. Certaines de ces techniques sont très simples, comme l'observation, alors que d'autres nécessitent le recours à des mesures compliquées.

QUELQUES INSTRUMENTS INDISPENSABLES

Pour étudier les écosystèmes, il ne faut jamais laisser de côté certains paramètres. En premier lieu, nous devrons situer dans l'espace le milieu sur lequel nous travaillons. Pour ce faire, nous avons besoin, au minimum, d'une **carte** et, si possible, d'une **boussole**. Un autre outil assez important est le **thermomètre** : la température est un des paramètres qui influe le plus sur le comportement des êtres vivants. La liste des instruments que nous pouvons utiliser pour étudier la nature est très grande.

Le travail de terrain est très attractif et très surprenant. Un groupe bien dirigé et bien équipé peut faire des observations et des découvertes fort intéressantes.

Il est nécessaire d'utiliser des instruments de précision pour recueillir des données qui apporteront la valeur scientifique à une étude. Sur la photographie, observation d'oiseaux aquatiques depuis une hutte camouflée.

Dans les parcs nationaux, les réserves naturelles, etc., il est interdit de toucher ou de prélever des minéraux, des plantes ou des animaux. Sur la photographie, le Bassin de porcelaine, dans le parc national de Yellowstone (États-Unis).

Instruments	Utilité
Jumelles	Observer les animaux et les paysages.
Boussole	Se situer dans l'espace.
Altimètre	Mesurer l'altitude.
Mètre ruban	Effectuer des mesures de longueur.
Cages ou sacs	Prélever des échantillons.
Loupe	Observer des détails.
Carte	Se situer dans le milieu physique : altitude, latitude, inclinaison du terrain, distances, etc.
Canif ou autre objet coupant	Ouvrir des fruits, disséquer des petits animaux morts, etc.
Montre, chronomètre	Se situer dans le temps, calculer des temps.
Guides pratiques	Classer les éléments de l'écosystème (êtres vivants, roches, types de sol, etc.).
Thermomètre	Mesurer la température.
Baromètre	Mesurer la pression atmosphérique.
Microscope	Observer les micro-organismes.
Cahier et crayon	Noter les données, faire des croquis, etc.
Appareil photo	Faire des relevés photographiques.
Ordinateur	Stocker des données.

L'EXPÉRIMENTATION

En écologie, il est vraiment difficile d'effectuer des expériences : les écosystèmes sont très vastes et dépendent de tant d'éléments qu'on ne peut reproduire de façon contrôlée les conditions naturelles en laboratoire. Aussi chaque expérience pratique réalisée pour étudier un élément de l'écosystème peut-elle se définir comme une fiction. Les résultats doivent être soumis à des calculs mathématiques et statistiques compliqués, même si certains dispositifs très simples permettent aussi de reproduire des phénomènes naturels.

PROTÉGER LA NATURE

Pour étudier la nature, il ne faut pas la détruire. Il ne faut jamais prélever de plantes protégées ni d'animaux en danger, et encore moins dans une zone protégée.

Cette expérience tente de créer un écosystème isolé de l'extérieur, en reproduisant les conditions ambiantes de différents milieux (zone tropicale ou paysage tempéré, etc.).

LA RESPIRATION DES PLANTES

Une des expériences les plus classiques en écologie (dans la branche de la physiologie végétale) sert à démontrer que les plantes produisent de l'**oxygène** pendant la **photosynthèse**, et ce par diverses méthodes. L'une des plus utilisées consiste à placer une plante aquatique dans un aquarium et à la recouvrir d'un verre renversé qui ne contient aucune bulle d'air. L'ensemble est laissé une journée entière à la lumière. On peut voir qu'une bulle contenant de l'oxygène s'est formée. Si l'on répète la même expérience, mais en laissant le dispositif dans l'obscurité, aucune bulle d'air ne se forme parce que la photosynthèse a besoin de lumière pour s'effectuer.

jour

nuit

air

aucune bulle d'air

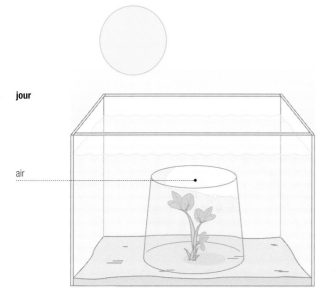

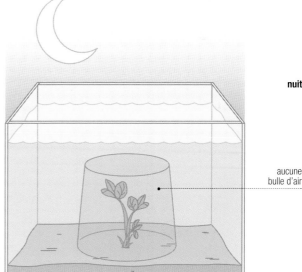

Grâce à cette expérience, nous pouvons mesurer le volume d'air créé par la plante, en multipliant la surface de la base du verre par la hauteur de la bulle.

Effectuez trois fois de suite les mêmes mesures, vos résultats pourront différer légèrement. Plus vos mesures seront précises et plus vos résultats seront proches.

LA RÉALISATION D'UN HERBIER

Une des bases de l'étude des écosystèmes est le recensement des êtres vivants qui les peuplent. Un herbier dresse la liste des plantes d'un lieu déterminé. C'est une bonne façon de commencer à étudier le milieu qui nous entoure, puisque cela nous oblige à y effectuer de nombreuses explorations, chose toujours bien plus instructive que la simple lecture d'un livre.

Il faut se rendre sur le terrain avec un grand carton et un bon nombre de feuilles de journal. Si nous trouvons une plante qui nous intéresse (mieux vaut avoir un guide pratique pour les identifier), nous l'arracherons ou nous en couperons une partie, dans le cas de végétaux de grande taille. Nous la placerons entre les feuilles de papier, en notant l'espèce, le moment, le lieu et les conditions de récolte. De retour à la maison, nous la garderons quelques jours sous un poids (des livres feront l'affaire). Enfin, quand la plante sera sèche, nous la disposerons dans un album photo avec toutes les annotations.

Certains herbiers peuvent être de véritables œuvres d'art. Les jardins botaniques exposent des herbiers très importants, des XVIIIᵉ et XIXᵉ siècles, qui ont servi à établir les systèmes de classification botanique.

L'ÉTUDE DE LA FAUNE

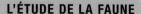

Pour étudier la faune, mieux vaut réaliser un carnet d'études avec les croquis et les photos des diverses espèces du lieu : il serait dommage de les tuer et de les faire sécher pour les conserver dans une vitrine.

Recueil d'échantillons pour un herbier.

LES TRACES

Dans les études de terrain, le chercheur doit souvent s'appuyer sur les traces qui indiquent la présence d'un être vivant déterminé, sans pouvoir l'observer directement. Par exemple, pour recenser une population d'animaux difficiles à voir pour une raison ou pour une autre, il importe d'identifier les traces qu'ils laissent dans le milieu : déjections, nid, entrée de terrier, plumes, empreintes, restes de nourriture, etc… Notons que la présence humaine effraie bon nombre d'animaux qui tenteront de rester invisibles.

Si une plante protégée vous intéresse, ou si vous êtes en zone protégée, il faut – c'est une obligation – faire une photographie de la plante et non la cueillir.

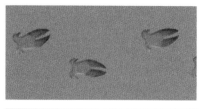

Les empreintes sont un des meilleurs indices de la présence d'animaux dans le milieu. Elles permettent même d'étudier les caractères d'organismes fossiles. Mais – et c'est leur seul inconvénient – elles forment une discipline compliquée : très peu de gens sont vraiment capables d'identifier l'animal auquel appartient telle ou telle empreinte.

À gauche, terrier de blaireau ; à droite, excréments de cet animal.

Dans l'étude des rapaces, les **pelotes de réjection** permettent de savoir comment ces oiseaux se nourrissent. Après avoir absorbé une proie, le rapace régurgite ces sortes de boulettes qui sont formées des parties de la proie qu'il ne peut pas digérer, comme le poil et les os.

LES NAVIRES OCÉANOGRAPHIQUES

Pour étudier les milieux marins, il existe des navires laboratoires qui sont dotés d'instruments et d'équipements spécialisés pour la recherche océanographique. À bord, des scientifiques de diverses disciplines travaillent en équipe pour des recherches multidisciplinaires. En général, la principale mission de ces expéditions est de prélever des échantillons qui seront ensuite analysés dans des universités ou des centres de recherches marines.

Navire océanographique pour les campagnes scientifiques.

JACQUES COUSTEAU

Cousteau (1910-1997) fut l'un des principaux océanographes de tous les temps. Ingénieur de formation, il a conçu beaucoup de systèmes d'exploitation des fonds marins (scaphandre autonome, etc.). Avec son équipe, il a réalisé de nombreuses campagnes scientifiques au cours desquelles il a découvert de nouveaux aspects de ce milieu si difficile d'accès.

La *Calypso* – le navire océanographique du commandant Cousteau – a réalisé de nombreuses expéditions sur toutes les mers du monde.

LES MODÈLES MATHÉMATIQUES ET L'ÉCOLOGIE

La science se fonde sur des données quantifiables. Par exemple, on sait que l'eau gèle à 0 °C et bout à 100 °C et qu'un atome d'oxygène s'unit à deux atomes d'hydrogène pour former une molécule d'eau. Mais pour l'étude des populations, il n'existe aucune certitude que les données resteront constantes : elles le font parfois, mais elles peuvent aussi augmenter ou diminuer selon les conditions. De même, en météorologie, on ignore le moment précis où un ouragan se formera, quels seront son trajet et sa force. Ces phénomènes se répètent pourtant selon certains modèles. Après avoir analysé les paramètres des mêmes phénomènes à maintes reprises, il est possible d'effectuer des prévisions crédibles et d'établir un **modèle mathématique** du fonctionnement d'un écosystème.

Comme beaucoup de phénomènes naturels, un ouragan est prévisible. Mais il est impossible de prévoir avec exactitude son comportement.

MODÈLE DE VOLTERRA

Le physicien italien Vito Volterra (1860-1940) a étudié les populations de prédateurs et de proies dans les écosystèmes. Selon le modèle mathématique qu'il a créé, à la prolifération d'herbivores succède, au bout d'un certain temps, une prolifération de carnivores.

Aujourd'hui, une multitude de technologies modernes peuvent s'appliquer à l'étude de la nature. L'une des plus avancées est le recensement par satellite des superficies mondiales couvertes par les végétaux.

L'AGRICULTURE ÉCOLOGIQUE

Au cours de l'histoire, l'homme est passé d'une utilisation inoffensive de son milieu à sa destruction. L'agriculture a fortement contribué à ce processus. Les premiers agriculteurs perturbaient peu le milieu naturel, mais, à mesure de l'augmentation de la population humaine et de ses besoins alimentaires, l'agriculture a intensifié son impact et en est venue à utiliser des substances toxiques pour de nombreux organismes. Aujourd'hui, l'agriculture écologique tente de revenir à des méthodes inoffensives.

LES PESTICIDES

Jusqu'au XIXᵉ siècle, l'agriculture était en général peu nocive pour le milieu ambiant. Certes, elle occupait des terrains conquis sur la nature, mais les techniques qu'elle utilisait étaient peu agressives et, dans la majorité des cas, elles se révélaient même bénéfiques pour la biodiversité de la région. Cependant, à partir de 1950, l'emploi de pesticides commença à s'intensifier. Au début, il semblait être une solution merveilleuse pour éviter les énormes pertes annuelles de récoltes provoquées par divers nuisibles (insectes, champignons et mauvaises herbes). Avec le temps, il est apparu que le sol des terrains traités avec ces produits phytosanitaires s'appauvrissait de façon considérable. Actuellement, la recherche agricole travaille pour obtenir des techniques permettant de contrôler les nuisibles sans détruire l'environnement.

L'emploi abusif de pesticides a provoqué non seulement la résistance des animaux que l'on voulait détruire, mais aussi l'intoxication de nombreuses autres espèces.

Dans les écosystèmes d'eau douce comme dans les milieux terrestres, les pesticides s'accumulent. Dans le dernier cas, le produit toxique est ingéré par les insectes phytophages (ou mangeurs de plantes) qui sont la proie des insectes prédateurs ou des oiseaux qui se nourrissent de tous ces insectes.

À la fin de la chaîne alimentaire, la concentration en pesticides est si élevée qu'elle peut affecter la santé des animaux, les empêcher de se reproduire correctement, ou même causer leur mort.

L'ACCUMULATION DES TOXIQUES

Les **pesticides** appliqués sur les champs cultivés sont souvent lessivés par l'eau de pluie et arrivent dans des lieux auxquels ils n'étaient pas destinés, en général dans des écosystèmes d'eau douce où la plupart se dissolvent. Là, ils s'incorporent à la chaîne alimentaire grâce au plancton et, jour après jour, ils s'accumulent en quantités toujours plus grandes dans le corps des êtres vivants. Les poissons qui se nourrissent de ce planton en accumulent une quantité qui est la somme totale contenue dans leurs aliments. Il arrive la même chose avec les animaux qui mangent des poissons : ils accumulent dans leur corps tous les toxiques provenant de chaque poisson dévoré. Ainsi, chaque maillon concentre encore davantage la quantité de pesticides.

NOTRE SANTÉ

Les êtres humains n'échappent pas à l'effet nocif des pesticides : ils se trouvent souvent au sommet des pyramides écologiques.

LA CONCENTRATION D'UN PESTICIDE

Eau	0,010 mg/kg
Plancton	3,6 mg/kg
Poissons planctoniques	7,2 mg/kg
Poissons prédateurs	157 mg/kg
Oiseaux et mammifères piscivores	1780 mg/kg

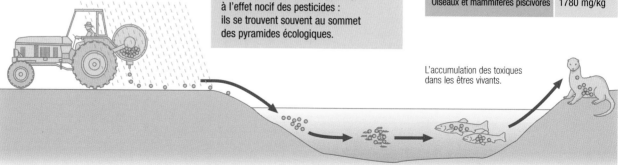

L'accumulation des toxiques dans les êtres vivants.

L'AGRICULTURE BIOLOGIQUE

La nature dispose de ressources pour contrôler les populations des différentes espèces. Il est très rare que l'une d'elles puisse se développer de façon excessive, en nuisant aux autres. Ce principe peut s'appliquer aux champs cultivés, qui ne sont qu'un type particulier d'écosystème. Les insectes qui mangent les végétaux semés trouvent ce milieu si riche qu'ils peuvent se reproduire de façon prodigieuse, et sans aucun problème, jusqu'à constituer un fléau. Cependant, ils ont des ennemis naturels qui sont, dans la majorité des cas, des insectes prédateurs. La présence de ces prédateurs évitera à la population de phytophages d'augmenter démesurément, et donc de causer des ravages.

Les moyens chimiques utilisés aujourd'hui pour combattre les ravages des pucerons peuvent se révéler dangereux pour les autres animaux.

Les coccinelles mangent les pucerons presque sans abîmer les plantes. En facilitant la présence de coccinelles, on peut dire qu'on utilise un pesticide naturel et écologique.

L'AGRICULTURE RAISONNÉE

Elle combine les techniques modernes et traditionnelles. Pour compenser la productivité moindre de l'agriculture biologique, elle n'emploie de pesticides qu'en dernier recours et en quantité utile minimale. Elle étudie de façon permanente la présence des nuisibles et de leurs prédateurs pour ne pas nuire à ces derniers. Elle évite ainsi l'emploi massif de substances toxiques.

Il faut apporter la quantité utile minimale d'un engrais adapté. En excès, celui-ci se dilue dans l'eau de pluie ou d'arrosage, avant de polluer les nappes phréatiques.

LES MÉTHODES DE CONTRÔLE DES POPULATIONS UTILISÉES PAR L'AGRICULTURE ÉCOLOGIQUE

Contrôle naturel	Introduction de prédateurs des organismes nuisibles.
Création d'écosystèmes	Laisser pousser une zone en bordure du champ cultivé pour que les prédateurs naturels puissent y vivre.
Alternance de cultures	Changer de type de culture à chaque saison pour éviter que les nuisibles trouvent toujours des conditions adéquates.
Culture adaptée aux conditions locales	Utiliser des variétés locales (naturelles) plus résistantes aux nuisibles.

LES ABEILLES, ALLIÉES DE L'ARBORICULTEUR

Elles s'utilisent en agriculture pour favoriser la pollinisation des arbres fruitiers et augmenter ainsi la production de fruits. Quand une abeille se pose sur une fleur pour recueillir son nectar, une multitude de grains de pollens adhèrent à son corps et y restent fixés. Quand l'abeille passe sur une nouvelle fleur, un de ces grains de pollen s'introduit parfois dans l'organe féminin de cette fleur et la féconde. Cette fleur se transformera ensuite en fruit. Ce mécanisme naturel de **pollinisation** peut être favorisé en plaçant des ruches dans les vergers. Plus les abeilles seront nombreuses, meilleure sera la reproduction des fruitiers, et donc meilleure sera leur production.

Un arrosage juste nécessaire est une technique indispensable en agriculture écologique, puisque l'eau est un bien très rare dans la majorité des pays du monde.

La pollinisation par les abeilles contribue à améliorer la récolte : aussi des ruches (sur la photographie) ont-elles été placées à proximité des vergers.

LES TRANSPORTS

Le progrès des techniques automobiles et les nouvelles habitudes sociales du dernier siècle ont entraîné une augmentation considérable du parc automobile mondial. Toutes les automobiles qui circulent chaque jour sur les routes utilisent du gasoil ou de l'essence comme carburant. Cela produit une grande quantité de monoxyde et de dioxyde de carbone, ainsi que d'autres composants qui polluent l'atmosphère en même temps qu'ils réchauffent l'air.

LES TRANSPORTS DANS LES GRANDES VILLES

Les centres urbains, et plus spécialement les grandes villes, sont les points les plus sensibles en matière de transports. Ce sont des lieux à haute densité de population. En outre, une foule de gens viennent chaque jour y travailler ou y trouver des services. De nombreuses personnes qui se déplacent d'un point à un autre de la cité ou qui s'y rendent de l'extérieur se servent pour cela d'un véhicule. Le plus utilisé est la voiture. L'ensemble des **émissions** produites par les tuyaux d'échappement de ces automobiles ainsi que la structure de base des villes (la hauteur des immeubles empêche une aération correcte des rues) entraînent, autour du centre urbain, la formation d'un voile nuageux doté d'une température plus élevée et d'une plus grande concentration en produits toxiques.

Le bruit est un des principaux problèmes occasionnés par le trafic urbain. La pollution sonore ainsi créée est importante ; elle atteint facilement 80 décibels dans une rue où la circulation est intense.

La pollution et la paralysie de la circulation dues à l'emploi massif d'automobiles incitent à emprunter les transports publics.

LES PRINCIPAUX POLLUANTS PRODUITS PAR L'ESSENCE ET LE GASOIL

monoxyde de carbone (CO)

dioxyde de carbone (CO_2)

oxyde d'azote (NO)

hydrocarbures mal brûlés

plomb

LE GASPILLAGE DU VÉHICULE PERSONNEL

Dans de nombreux pays industrialisés, le nombre moyen de passagers par véhicule n'est que de 1,3. Pour éviter ce gaspillage, le partage du véhicule est conseillé afin de réduire les coûts et de diminuer la pollution.

LES TRANSPORTS EN COMMUN

Il existe une alternative beaucoup plus rationnelle et écologique pour se déplacer à l'intérieur d'une ville : c'est l'utilisation des transports en commun. Actuellement, presque toutes les agglomérations sont pourvues d'un réseau de transport interne par autobus et, dans les grandes villes, par métro et tramway. Ces véhicules transportent un grand nombre de personnes, ce qui réduit beaucoup la consommation d'énergie par passager. En outre, leur vitesse moyenne est d'ordinaire très supérieure à celle de l'automobile : le métro dispose d'une voie particulière et il ignore donc les bouchons ; quant à l'autobus, il roule en général dans des couloirs réservés.

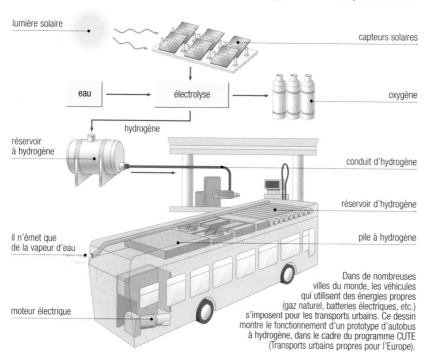

lumière solaire

capteurs solaires

eau — électrolyse — oxygène

hydrogène

réservoir à hydrogène

conduit d'hydrogène

réservoir d'hydrogène

il n'émet que de la vapeur d'eau

pile à hydrogène

moteur électrique

Dans de nombreuses villes du monde, les véhicules qui utilisent des énergies propres (gaz naturel, batteries électriques, etc.) s'imposent pour les transports urbains. Ce dessin montre le fonctionnement d'un prototype d'autobus à hydrogène, dans le cadre du programme CUTE (Transports urbains propres pour l'Europe).

Les transports urbains (métro, autobus, tramway, etc.) non seulement occupent moins d'espace et en général polluent moins, mais encore sont beaucoup plus économiques pour les usagers.

LES AVIONS ET LES BATEAUX

Pour se déplacer entre des villes ou entre des pays distants de plus de 300 km, l'avion est un moyen de transport utilisé pour sa rapidité. Le bateau, qui est de plus en plus souvent réservé au transport exclusif de marchandises, a été, au fil de l'histoire, un des principaux moyens de transport entre les ports côtiers. Mais les avions comme les bateaux participent à la dégradation du milieu ambiant. Les premiers produisent des bruits intenses et brûlent beaucoup de kérosène. Les seconds rejettent fréquemment dans la mer des résidus et des restes de carburant qui provoquent la pollution des eaux marines.

L'avion nécessite des infrastructures colossales qui modifient irrémédiablement le paysage : c'est un de ses principaux inconvénients.

LES PRINCIPALES ROUTES AÉRIENNES DU MONDE

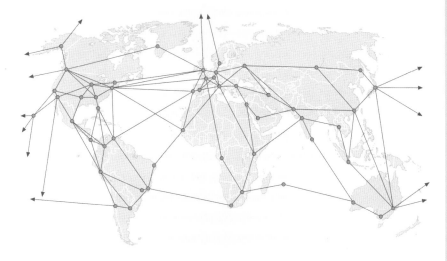

Cela semble exagéré, mais l'espace aérien est saturé par tous les avions qui le traversent chaque jour.

UNE JOURNÉE SANS AUTOMOBILE

Tous les jours de l'année sont marqués par des célébrations spéciales pour rappeler, à notre souvenir, certains groupes sociaux ou certains problèmes. L'une d'entre elles est consacrée à l'excès d'automobiles qui circulent en ville. Depuis quelques années, cette journée restreint ou interdit la circulation de véhicules à moteur dans certaines zones des grandes villes. Elle inclut également des actes festifs comme des parcours à pied ou à bicyclette, des manifestations, etc.

LES ZONES PIÉTONNES

Ensemble de rues interdites toute l'année à la circulation de véhicules à moteur (sauf véhicules spéciaux : ambulances, police, propreté de la voirie, livraisons, etc.), et souvent situées en zone commerciale.

LA POLLUTION DES EAUX DOUCES

Depuis les temps préhistoriques, les populations humaines se sont installées autour des fleuves et des lacs : l'eau douce est un des éléments indispensables à la vie. Le développement de l'agriculture et de l'élevage rendent aussi nécessaire la présence d'eau dans les environs. Cependant, l'utilisation de cet élément ne se limite pas là : malheureusement, les cours d'eau ont servi et servent encore d'égouts où sont déversés les résidus industriels et les matières fécales.

LA POLLUTION DES COURS D'EAU

Pour l'essentiel, la pollution des cours d'eau provient des rejets de substances toxiques et des produits non dégradables. De temps à autre, nous apprenons par les journaux ou la télévision que, dans un fleuve, un grand nombre de poissons sont morts subitement. Dans ce cas, il s'agit très probablement d'un rejet toxique d'origine industrielle. Un autre type de pollution, très généralisé dans les rivières du monde entier, est l'apport de **lisier** et d'autres sous-produits de l'élevage. Les lisiers, engrais et lessives sont responsables d'une eutrophisation élevée de l'eau.

LES LISIERS

Ce sont des déjections animales. Le lisier de porc est un résidu extrêmement nocif pour le milieu et il est très difficile à éliminer : son traitement représente un coût économique et énergétique élevé.

Les rejets des industries (papetière, textile, chimique...) sont une des sources principales de la pollution des cours d'eau.

La principale mesure pour éviter la pollution est de ne pas déverser de produits nocifs dans les rivières. Les industriels doivent traiter leurs résidus dans des dispositifs spéciaux, et les eaux usées urbaines doivent passer en **station d'épuration** avant d'être rejetées.

L'EUTROPHISATION

C'est le problème principal des écosystèmes d'eau douce. L'eutrophisation provient d'apports excessifs en phosphates et en nitrates dans ce milieu. Les populations d'algues microscopiques qui se nourrissent essentiellement de ces deux éléments connaissent alors une croissance explosive et elles envahissent l'eau. Leur couleur constitue une barrière opaque qui empêche la lumière solaire d'atteindre le fond de l'eau : cela affecte le développement des algues de cette zone. Comme celles-ci ne reçoivent plus de lumière, elles ne produisent plus d'oxygène par photosynthèse, et ce gaz, indispensable à la vie des animaux, est en déficit dans le milieu.

Les déchets agricoles doivent être traités par une station de recyclage pour éviter la pollution des sols.

LE MÉCANISME DE L'EUTROPHISATION

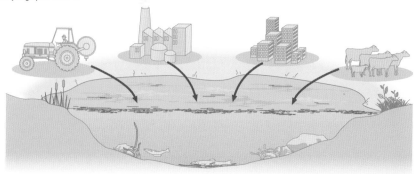

Les apports de phosphates et de nitrates dans les cours d'eau sont dus à un usage excessif d'engrais et à une trop grande concentration d'élevages qui provoquent l'accumulation artificielle de ces éléments.

LA CONCENTRATION DES PRODUITS TOXIQUES

volume
de polluants

volume
d'eau fluviale

volume
de polluants

volume
d'eau de mer

Le rejet de produits toxiques dans un cours d'eau a des conséquences plus sérieuses qu'un rejet en mer : la gravité de l'intoxication dépend de la concentration de toxiques dans l'eau. En réalité, la proportion est plus grande que sur le dessin, mais la représentation du volume d'eau de mer excède les dimensions de cette page.

La plupart des substances se dissolvent dans l'eau et peuvent alors pénétrer plus facilement à l'intérieur du corps des organismes aquatiques.

Les écosystèmes d'eau douce sont extrêmement fragiles par rapport aux écosystèmes terrestres ou marins.

En effet, le volume d'eau douce d'un fleuve ou d'un lac est très inférieur au volume d'eau salée d'une mer ou d'un océan. La concentration d'un produit toxique y est donc plus grande. Les caractéristiques de l'eau douce s'altèrent donc facilement, ce qui a une influence considérable sur les poissons ou les invertébrés qui la peuplent.

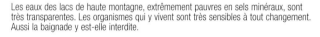

Les eaux des lacs de haute montagne, extrêmement pauvres en sels minéraux, sont très transparentes. Les organismes qui y vivent sont très sensibles à tout changement. Aussi la baignade y est-elle interdite.

LE MÉCANISME DE SALINISATION D'UNE NAPPE PHRÉATIQUE

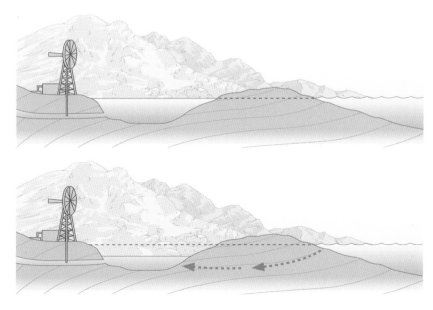

Un autre type de dégradation des cours d'eau est la régulation de leur débit par des barrages. Ces gigantesques ouvrages d'art sont une barrière physique pour les poissons et les autres espèces qui, pour maintenir leurs populations, migrent entre la source et l'embouchure du fleuve.

LA SALINISATION

Dans les zones du littoral marin, un phénomène cause un grave problème. Les nappes phréatiques sont surexploitées au point que l'eau de mer finit par s'y introduire et par saler leurs eaux.

LES PROBLÈMES POSÉS PAR L'EAU SALÉE

pour la santé	est imbuvable
pour l'agriculture	brûle les plantes
pour l'industrie	corrode les machines
pour l'écosystème	détruit la végétation et tue les animaux

LA POLLUTION DES MERS ET DES OCÉANS

Plus de 70 % de la surface de la Terre est recouverte d'eau ; il agit dans la majorité des cas d'eau de mer. C'est pourquoi nos mers et nos océans constituent une ressource d'importance vitale ; nous devrions veiller à les conserver en bon état. Aujourd'hui, malheureusement, la pollution marine affecte le monde entier. Et, bien que l'océan dans son ensemble soit un milieu aux dimensions gigantesques et qu'il soit capable d'absorber une grande quantité de polluants, il arrivera un jour où cette capacité d'autoépuration s'épuisera : il sera alors impossible de faire marche arrière.

LE DERNIER MAILLON DE LA POLLUTION

Tôt ou tard, les éléments et les matériaux jetés ou déversés dans les écosystèmes terrestres finissent par arriver dans la mer par l'intermédiaire des cours d'eau. Si vous observez le littoral marin après une tempête, vous verrez sans doute que les eaux sont brunes à cause de la grande quantité de terre et de sédiments emportés. En outre, en de nombreuses occasions, ces eaux semblent charrier des objets en plastique, du bois ou toutes sortes de matériaux flottants qui finissent par s'accumuler sur les plages ou sur les rochers de la côte. Aussi, pour éviter de polluer la mer, faut-il d'abord éviter de polluer les surfaces terrestres et les cours d'eau.

Dauphins, tortues et autres animaux avalent les plastiques qui flottent sur l'eau, ce qui provoque une asphyxie ou une occlusion intestinale, causant une mort douloureuse.

LA MER REND TOUJOURS CE QUI N'EST PAS À ELLE

Ce célèbre dicton des habitants des régions côtières n'est pas vrai du tout : les fonds du littoral sont souvent couverts de toutes sortes d'objets qui ne sont pas visibles en surface.

Des campagnes de propreté des plages ont lieu tous les ans. Les autorités se chargent des lieux touristiques, mais, dans les zones naturelles sans intérêt commercial, la tâche incombe aux groupes écologistes. Ces opérations permettent de recueillir des tonnes de déchets déposés par les vagues, après un trajet plus ou moins long, au gré des courants marins.

LA POLLUTION INVISIBLE

Aux **pollutions domestique** et **agricole** qui affectent les cours d'eau, il faut ajouter celles par les **métaux lourds** et autres produits toxiques que les industries situées sur le littoral déversent directement dans la mer, ainsi que les pollutions par déchets provenant d'une multitude d'agglomérations côtières dénuées de stations d'épuration et qui rejettent directement leurs **eaux usées**. Tous ces produits polluants se diluent dans l'eau et donnent l'impression d'avoir disparu ; cependant, de nombreuses analyses montrent qu'ils s'accumulent de façon lente mais irrémédiable à l'intérieur des êtres vivants qui peuplent les océans.

L'ACCUMULATION DE TOXIQUES

Les mollusques du littoral (moules, clovisses, etc.) sont des organismes filtrants : ils accumulent dans leur corps des **métaux lourds** comme le mercure, le cadmium, le plomb et le chrome, entre autres. Ces toxiques s'introduisent ainsi dans les chaînes trophiques marines.

L'analyse des glaces de l'Arctique et de l'Antarctique a montré que des substances polluantes s'accumulent aussi dans ces régions.

Chaque année, des cétacés viennent s'échouer sur les côtes et finissent par y mourir. Les causes de ces désastres sont mal connues, mais certains indices désignent comme responsable la pollution marine (chimique, sonore, etc.). Les polluants perturberaient l'écholocation de ces espèces : incapables de se situer, elles viendraient s'échouer sur la côte.

LE TRAFIC DE PÉTROLIERS

Ce trafic constitue une des plus graves menaces pour les **écosystèmes marins**. Ces bateaux de grande taille transportent des milliers de tonnes de brut. En cas d'avarie ou de naufrage, comme beaucoup d'entre eux sont en très mauvais état, il en résulte une catastrophe écologique aux conséquences dévastatrices. Le brut, de moindre densité que l'eau, flotte en surface, arrive jusqu'aux côtes, imprègne les plages et les rochers d'une épaisse couche noire. Les êtres vivants périssent, intoxiqués par ce poison ou sous l'effet du froid quand le pétrole détruit leur couche isolante ; les algues, privées de lumière, meurent, etc. En outre, le **pétrole** met des années pour se dégrader.

LE DÉSASTRE DU *PRESTIGE*

Une des dernières **marées noires** – qui a affecté en 2002 et 2003 les côtes du nord de l'Espagne et du Portugal, ainsi que du sud-ouest de la France – résultait du naufrage de ce pétrolier monocoque. De tels cas proviennent de la négligence des entreprises de transport pétrolier qui, pour faire des économies, n'investissent pas pour réparer et entretenir les bateaux qu'elles utilisent.

LA POLLUTION THERMIQUE

L'augmentation de la température de la mer sur toute la planète est, semble-t-il, responsable de la mort des coraux sur beaucoup d'atolls, d'îles et de barrières coralliennes.

Les oiseaux marins symbolisent les ravages causés par les marées noires. Imprégnés de pétrole, ils ne peuvent plus réguler leur température et meurent de froid. En outre, la pénétration de ce poison dans leurs voies respiratoires et dans leur appareil digestif est également mortelle.

LES PETITS REJETS

Les embarcations à moteur présentent très souvent de petites **fuites de carburant** dont l'accumulation cause aussi de graves dommages dans les écosystèmes marins. Il faut y ajouter le fait que beaucoup de navires **dégazent** leurs réservoirs en haute mer.

Une marée noire touche non seulement le milieu naturel, mais aussi l'économie de la côte qui, reposant sur la pêche et le tourisme, est alors complètement sinistrée.

LE TOURISME

Bien qu'il ne s'agisse pas d'une pollution à proprement parler, le tourisme est une des principales causes de la dégradation des **écosystèmes marins littoraux** du monde entier. Les constructions d'hôtels et d'immeubles en bord de mer ou le long de parcs maritimes ont fait disparaître une multitude d'espèces de leur anciens lieux de reproduction et d'alimentation. Outre la disparition physique de terrains adaptés à la faune et à la flore, le tourisme entraîne l'augmentation des résidus urbains et du nombre de bateaux à moteurs qui libèrent des huiles ou autres polluants dans la mer, et causent une sérieuse pollution sonore.

LES ACTIVITÉS SOUS-MARINES

La plongée sous-marine mal pratiquée peut aussi mettre le milieu marin en danger. Par exemple, les palmes viennent heurter les **coraux** et les autres organismes fragiles des fonds, empêchant leur recolonisation. Les bulles d'air qui se dégagent des bouteilles d'oxygène altèrent les conditions écologiques des grottes sous-marines, etc.

En de nombreux endroits, la pêche sous-marine au harpon a fait disparaître ou a raréfié de nombreuses espèces, comme le mérou.

Les grandes concentrations touristiques et industrielles du littoral produisent des rejets polluants : elles doivent impérativement s'équiper de stations d'épuration pour traiter les eaux usées.

Bien qu'il soit bénéfique pour l'économie locale, le tourisme impose des infrastructures qui modifient profondément l'environnement.

LES ESSAIS NUCLÉAIRES

Certains pays se livrent à des essais nucléaires dans des îles coralliennes qui font partie de leurs territoires pour des raisons historiques, mais qui se trouvent bien loin de la métropole. Bien entendu, ces essais sont très nocifs pour la flore et la faune de ces îlots et qui finissent par souffrir de tous les symptômes de la contamination nucléaire : maladies, altérations génétiques affectant plusieurs générations, mort, etc.

L'organisation écologiste Greenpeace s'oppose de façon systématique à toutes les activités nocives pour notre planète, comme les essais nucléaires.

UNE BOMBE À RETARDEMENT

Les bidons de déchets nucléaires entreposés au fond de la mer présentent déjà des fissures et certains ont rouillé, ce qui propage une pollution dangereuse.

L'IMPORTANCE DES COURANTS

Les courants marins sont très importants pour le degré de pollution d'une mer. À titre d'exemple, nous pouvons comparer la Méditerranée et la Baltique. La Méditerranée rejoint l'océan Atlantique au détroit de Gibraltar. À cet endroit, les courants superficiels vont de l'Océan vers la Méditerranée, tandis que les courants profonds suivent le sens opposé. Or les eaux profondes sont riches en minéraux et en polluants. Le franchissement du détroit permet à la Méditerranée de se débarrasser de ses résidus excessifs et de recevoir des eaux nouvelles. Ses eaux sont donc relativement transparentes et propres. Le contraire se produit entre la mer du Nord et la mer Baltique où minéraux et polluants s'accumulent, donnant aux eaux une coloration plus verte.

Les **centrales nucléaires** situées sur la côte utilisent l'eau de mer pour refroidir leurs réacteurs. L'eau qu'elles rejettent a une température très supérieure à celle du milieu d'origine, ce qui altère profondément les écosystèmes côtiers.

La prolifération de moteurs mal utilisés et malpropres cause de graves dommages aux eaux littorales.

Les eaux usées urbaines contiennent une multitude de bactéries. Si elles se déversent près d'une plage où les gens se baignent, ces bactéries sont susceptibles d'entraîner des problèmes gastriques ou dermatologiques, et des infections oculaires ou auriculaires.

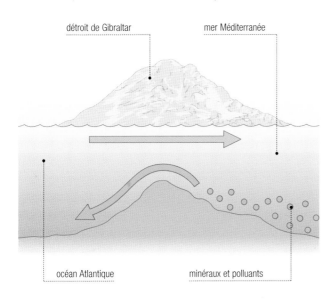

détroit de Gibraltar — mer Méditerranée

océan Atlantique — minéraux et polluants

PRINCIPAUX DÉSASTRES CAUSÉS PAR LES PÉTROLIERS

Année	Pétrolier	Lieu du désastre
1967	*Torrey Canyon*	Au large de la Cornouaille
1975	*Jakob Maersk*	Au large du Portugal
1976	*Urquiola*	La Corogne (Espagne)
1978	*Amoco Cadiz*	Portsall, Finistère (France)
1979	*Atlantic Empress*	Mer des Caraïbes
1979	*Ixtoc One*	Golfe du Mexique
1989	*Exxon Valdez*	Alaska (États-Unis)
1992	*Aegean Sea* (mer Égée)	La Corogne (Espagne)
1999	*Erika*	Au large de la Bretagne (France)
2002	*Prestige*	Au large de la Galice (Espagne)

LE TRAITEMENT DE L'EAU

À la différence du reste des animaux de la planète, les humains ne se contentent pas de vivre de ce qu'ils trouvent dans la nature. Dans les foyers, les gens lavent leur linge, leur vaisselle, se douchent etc. Ce style de vie consomme beaucoup d'eau et crée une quantité de résidus si élevée que la nature est incapable de les absorber dans ses cycles naturels. À tous ces usages, qui produisent des résidus domestiques, s'ajoutent ceux de l'agriculture et de l'industrie.

LA DISTRIBUTION DE L'EAU

Dans beaucoup de pays où les précipitations ne sont pas régulières, il existe une multitude de barrages qui stockent les eaux fluviales. Cette eau sert à l'agriculture (et aussi à produire de l'électricité), mais elle n'a pas vraiment la qualité requise pour être considérée comme potable : elle doit être nettoyée dans des **stations de traitement**. De là, elle est distribuée aux foyers et aux industries qui, après l'avoir utilisée, la salissent et la chargent de résidus. Ces **eaux usées** sont recueillies par un réseau d'égouts qui les conduit jusqu'à une **station d'épuration**. Là, elles sont débarrassées d'une grande partie de leurs résidus. L'eau épurée est ensuite rejetée dans le milieu (fleuve, mer).

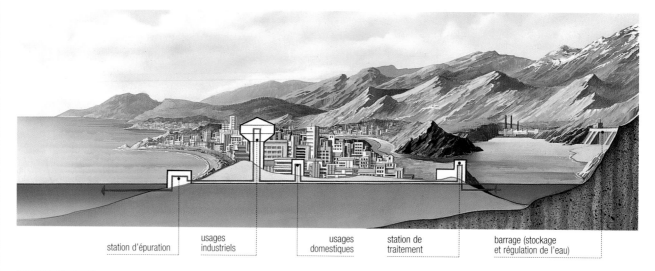

station d'épuration — usages industriels — usages domestiques — station de traitement — barrage (stockage et régulation de l'eau)

La surexploitation des puits entraîne leur assèchement ou leur salinisation.

L'EAU POTABLE

L'eau potable ne provient pas seulement des stations de traitement. En maints endroits, les particuliers ont encore des **sources** et des **puits** en bon état. Cependant, le nombre de ces puits diminue peu à peu, à cause de la pollution et de la surexploitation des **nappes phréatiques**.

Dans les régions sèches proches de la mer, des usines de **désalinisation** permettent de transformer l'eau de mer en eau douce.

Seulement 3 % de l'eau de notre planète est douce et utilisable par l'homme.

Introduction

Le milieu
physique

L'écosystème

Les êtres vivants

Les biomes

L'écologie
appliquée

**La pollution
de l'eau
et de l'air**

Les autres
pollutions

Les énergies
alternatives

Recycler pour
économiser

Les problèmes
écologiques

Un comportement
écologique

Les nouvelles
technologies

Les espaces
protégés

Le mouvement
écologiste

Index

LES STATIONS DE TRAITEMENT

Il existe différents modèles de stations de traitement pour différents types d'eau. La majorité des résidus des foyers sont peu toxiques pour le milieu ambiant ; de fait, la nature est capable de les éliminer. Le problème est qu'ils sont produits dans de telles quantités qu'il est difficile pour le milieu de tout absorber. Les industries, en revanche, génèrent de nombreuses substances toxiques. C'est pourquoi une station de traitement concentre le processus qui aurait lieu dans la nature. Les traitements sont de deux types : biologiques et chimiques.

LES BOUES ACTIVÉES

Boues résiduaires contenant des millions de micro-organismes (bactéries et protozoaires) qui se chargent d'éliminer toute la matière organique des eaux usées. Ils s'en nourrissent et la transforment en la matière organique de leur propre corps.

Nous devons protéger les milieux d'eau douce non seulement par souci de l'écologie, mais aussi pour survivre.

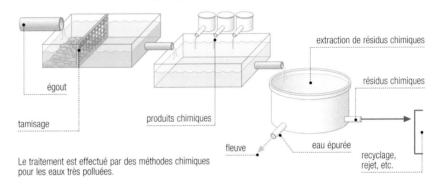

LE TRAITEMENT BIOLOGIQUE

égout

tamisage · boues activées · décantation centrifugation · boue résiduaire · fleuve · eau épurée · compostage

Le traitement est effectué par des êtres vivants (bactéries et protozoaires).

LE TRAITEMENT CHIMIQUE

égout

tamisage · produits chimiques · extraction de résidus chimiques · résidus chimiques · fleuve · eau épurée · recyclage, rejet, etc.

Le traitement est effectué par des méthodes chimiques pour les eaux très polluées.

LA RARETÉ DE L'EAU

L'**eau douce** est un bien rare qu'il faut économiser si nous ne voulons pas en manquer un jour. Dans les régions où l'eau abondait, l'homme, pendant des siècles, n'a pas reconnu son importance réelle : il a surexploité les **nappes phréatiques** et pollué les cours d'eau sans penser que l'eau pourrait un jour manquer. Aujourd'hui, nous en sommes déjà arrivés à cette situation.

L'USAGE DE L'EAU

Un bon usage	Un mauvais usage
Bien fermer les robinets.	Laisser les robinets ouverts.
Entretenir les tuyaux.	Laisser fuir les tuyaux.
Arroser goutte à goutte.	Arroser au jet.
Cultiver des plantes autochtones dans les jardins des régions où l'eau est rare.	Cultiver des plantes qui ont besoin d'humidité dans les régions où l'eau est rare.
Recycler l'eau.	Utiliser l'eau une seule fois.

L'usage rationnel de l'eau suppose quelques sacrifices, mais le principal est de ne pas la gaspiller.

LA POLLUTION DE L'AIR

La composition de l'**atmosphère** qui entoure la Terre n'est pas constante, mais dépend beaucoup des relations qui s'établissent avec les océans, avec les composants minéraux de la planète et, par-dessus tout, avec les êtres vivants. Il y a à peine deux siècles, ces relations étaient équilibrées, si bien que la composition de l'air ne présentait pas de grandes variations. Mais la vie moderne et surtout l'industrialisation ont changé cet aspect : aujourd'hui la composition de l'atmosphère est en train de se modifier, à cause des nombreuses émissions de différents gaz.

L'ATMOSPHÈRE

En raison du grand volume de l'atmosphère, les polluants y sont très dilués, de la même façon que dans les mers et les océans. Comme la progression de la pollution atmosphérique à court terme est presque imperceptible, il est extrêmement difficile de faire prendre conscience à la société qu'elle doit limiter les **émissions de gaz nocifs** dans le milieu ambiant. Pourtant, jour après jour, les polluants se concentrent au point que, en certains lieux, leurs effets néfastes sont visibles. La pollution de l'atmosphère contribue au **réchauffement de la planète** qui commence à affecter le climat en général.

La pollution de l'air des villes est facilement observable par ses effets sur les façades des immeubles.

Les éléments de l'atmosphère réagissent avec les polluants gazeux : leurs combinaisons sont plus nocives que ces polluants.

LES PRINCIPAUX POLLUANTS ATMOSPHÉRIQUES

Polluant	Émetteur		
	Majeur	Moyen	Mineur
oxydes de soufre	industrie	foyers	véhicules
oxydes d'azote	véhicules	industrie	foyers
particules en suspension	véhicules	industrie	foyers
anhydride carbonique	véhicules	industrie	foyers
plomb	véhicules	véhicules	industrie

LES PLUIES ACIDES

Les oxydes de soufre et d'azote peuvent réagir avec la vapeur d'eau atmosphérique et produire de l'**acide sulfurique** ou **nitrique**. En tombant, ces produits acides – mélangés au brouillard, à la neige ou à l'eau de pluie – brûlent les plantes, érodent les monuments et rendent les eaux douces acides, ce qui cause la mort des êtres vivants aquatiques et porte atteinte à la santé humaine.

LE MÉCANISME DES PLUIES ACIDES

oxydes de soufre et d'azote produits par l'industrie et les véhicules

les oxydes se transforment en acides que le vent emporte

et la pluie les fait tomber sur des lieux éloignés

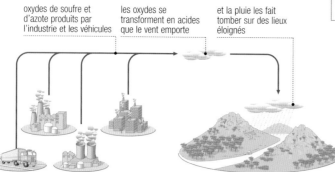

LE MÉCANISME DE LA POLLUTION ATMOSPHÉRIQUE

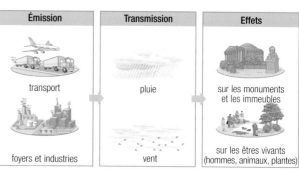

Émission	Transmission	Effets
transport	pluie	sur les monuments et les immeubles
foyers et industries	vent	sur les êtres vivants (hommes, animaux, plantes)

LE POT CATALYTIQUE DES VOITURES

Un pot catalytique sert à transformer des produits très toxiques (monoxyde de carbone, oxydes d'azote et hydrocarbures) en produits inoffensifs pour la santé (azote, dioxyde de carbone, vapeur d'eau).

LA FONCTION DU POT CATALYTIQUE
L'ÉPURATION D'UN CATALYSEUR TRIPLE

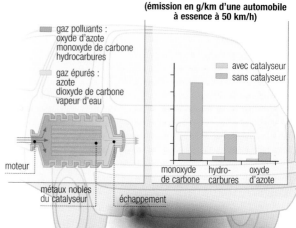

gaz polluants : oxyde d'azote monoxyde de carbone hydrocarbures

gaz épurés : azote dioxyde de carbone vapeur d'eau

moteur

métaux nobles du catalyseur

échappement

(émission en g/km d'une automobile à essence à 50 km/h)

avec catalyseur
sans catalyseur

monoxyde de carbone

hydro-carbures

oxyde d'azote

LE DIOXYDE DE CARBONE (CO₂)

Ce gaz n'est pas un polluant en lui-même : il est abondant dans la nature et son **cycle** est étroitement lié aux êtres vivants. En effet, les plantes l'absorbent pour incorporer le carbone à leurs cellules grâce à la **photosynthèse** et tous les organismes en libèrent par la **respiration**. Mais, actuellement, le dioxyde de carbone est émis en si grande quantité que les plantes ne peuvent pas l'absorber en totalité. Le surplus s'accumule dans l'atmosphère, ce qui provoque le **réchauffement** de la planète.

La **respiration** des êtres vivants et la **combustion** de matières organiques (bois, végétaux, hydrocarbures, etc.) produit l'essentiel du CO₂ atmosphérique. ⬅

La destruction des forêts aggrave la difficulté à équilibrer les apports de dioxyde de carbone dans l'atmosphère.

L'INVERSION THERMIQUE

air froid   air chaud   barrière thermique

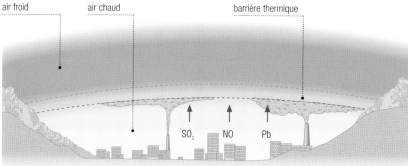

SO₂   NO   Pb

En Australie et en Indonésie, pendant l'été, des incendies forestiers, vastes et fréquents, produisent des nuages de fumée dense qui restent en suspension dans les zones voisines, obligeant la population à porter des masques pour respirer.

LA POLLUTION URBAINE

Dans certaines agglomérations situées dans des dépressions de terrain, il se produit en hiver un phénomène météorologique appelé **inversion thermique**. Une masse stable d'air froid s'installe alors au-dessus de la ville et forme une sorte de barrière thermique qui emprisonne les gaz produits par la circulation, le chauffage et les industries. Si cette situation dure pendant plusieurs jours, l'atmosphère de la cité contient tellement de polluants que cela peut mettre en danger la santé des habitants. Ce problème se résout avec le retour des vents et des pluies… ou avec l'élimination des foyers de pollution.

L'OZONE

C'est un élément très utile dans les hautes couches de l'atmosphère, mais très dangereux dans les couches basses : il occasionne des cancers et d'autres altérations graves chez les êtres vivants.

L'air des grandes villes est devenu souvent irrespirable.

61

LES MESURES POUR PRÉSERVER L'ATMOSPHÈRE

Depuis des siècles, les humains exploitent leur environnement. Or apparaît, depuis le début des années soixante-dix, un intérêt croissant pour la préservation des milieux naturels. Cette prise de conscience de la part des pays industrialisés, responsables en grande partie de la dégradation alarmante des écosystèmes, a favorisé leur concertation et union exclusivement tournées vers le problème de l'environnement. Cette collaboration ne résulte pas de l'altruisme ni d'un sentiment de culpabilité, mais de la nécessité impérieuse de tenter de préserver la qualité de vie des générations actuelles et futures.

LA COLLABORATION INTERNATIONALE

La plupart des **pays industrialisés** ont organisé de nombreuses conférences pour imposer la réduction progressive des **émissions polluantes** ; mais jusqu'à présent, peu d'États ont réellement respecté ces accords. Le problème fondamental est que la protection des écosystèmes est coûteuse – même si la nécessité de prendre des mesures curatives coûte encore plus cher – et suppose une modification profonde des habitudes de production.

LES PRINCIPALES MESURES INTERNATIONALES

1976	Création d'une Commission de coordination des informations sur la couche d'ozone par les Nations unies.
1985	Convention de Vienne pour la protection de la couche d'ozone ratifiée en 1987 par 22 pays.
1987	Protocole de Montréal. Engagement de réduire de 50 % avant l'an 2000 les émissions de CFC qui détruisent la couche d'ozone.
1992	Conférence ou Sommet de Rio.
2002	Conférence de Johannesburg.

La meilleure solution pour réduire les émissions polluantes est le recours aux **énergies renouvelables** (solaire, éolienne), mais celles-ci sont encore en phase de développement.

L'énergie éolienne (d'Éole, dieu grec du Vent) est propre et inépuisable, mais les centrales détériorent les paysages et peuvent blesser les oiseaux.

LE GAZ NATUREL : UN COMBUSTIBLE MOINS POLLUANT

Le gaz naturel est le combustible le plus employé actuellement pour le **chauffage** et pour la production de chaleur dans une multitude de processus industriels. Il génère beaucoup moins de résidus par unité d'énergie que les autres **combustibles fossiles**. Par exemple, la quantité de CO_2 émise par sa combustion est la moitié de celle du charbon ou du pétrole ; la quantité d'oxydes d'azote est comprise entre un tiers et la moitié, et celle d'oxydes de soufre se situe à moins d'un centième. Cette source d'énergie ne génère pas non plus de particules en suspension. L'expansion de sa consommation a contribué, pour une large part, à réduire les **émissions polluantes**.

Les réserves actuelles de gaz naturel permettent de couvrir les besoins des cent prochaines années. Sur la photo, dépôts de gaz naturel.

Jetée pour recevoir des méthaniers (Tarragone, Espagne).

Le gaz naturel se compose essentiellement de **méthane**. Ce sous-produit de la décomposition des matières organiques se trouve entre deux couches de roche. Il est extrait du gisement, puis acheminé par gazoducs vers le centre de distribution qui le fournit aux foyers et aux industries.

LA DÉFORESTATION ET L'ATMOSPHÈRE

Le problème des émissions de gaz nocifs dans l'atmosphère est aggravé par la destruction des « poumons de la Terre » : cette appellation désigne les vastes étendues de la **forêt tropicale** situées à des latitudes proches de l'équateur. Chaque jour, cette forêt disparaît par milliers d'hectares pour des raisons essentiellement économiques : elle est exploitée pour la production de bois. Chaque arbre abattu entraîne une diminution de la capacité d'absorber le **dioxyde de carbone** qui s'accumule en excès dans l'atmosphère. La régénération de ces forêts est presque impossible, parce qu'elles poussent sur un sol pauvre où les graines ne peuvent pas se développer.

LES CONSÉQUENCES DE LA DÉFORESTATION

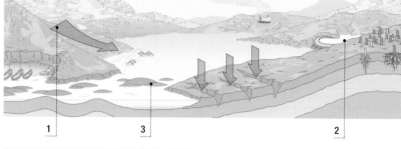

Les **incendies** constituent l'autre cause principale de la destruction des forêts. Les plus graves ont lieu dans des régions au climat sec où subsistent encore des forêts, comme en Australie.

(1) l'eau de pluie dévale rapidement les pentes, laissant sans protection le sol (désertification, récoltes dégradées, etc) et les populations ; (2) les terres emportées emplissent les barrages (en réduisant leur capacité) et les bassins du cours d'eau (en causant des inondations) ; (3) les sédiments entraînés forment de nouveaux îlots, modifient les fonds marins et réduisent les zones de pêche.

LES PRINCIPALES CAUSES DE DESTRUCTION DE LA FORÊT TROPICALE

Causes	Bolivie	Brésil	Colombie	Équateur	Guyane	Guyane française	Pérou	Surinam	Venezuela
Bois commercial	●	●		●	●		●	●	●
Exploitation de pétrole et/ou de gaz	●			●			●		
Exploitation minière	●	●			●	●			●
Conversion à l'agriculture et/ou à l'élevage	●	●	●	●			●		●
Incendies		●							
Barrages hydroélectriques		●							
Fumigations et cultures illégales			●						

ATTENTION AU FEU

1 ne pas allumer de feu ni brûler d'ordures

2 ne jamais jeter de cigarettes allumées

3 ne pas produire d'étincelles dans les zones à risque

4 ne pas brûler de déchets végétaux

5 ne pas déposer de déchets ni d'ordures

6 utiliser les barbecues prévus à cet effet

L'ÉVOLUTION DES FORÊTS EUROPÉENNES

Autrefois, le continent européen était couvert de forêts dans sa presque totalité. Depuis le début du Moyen Âge a commencé une coupe massive pour conquérir des terres destinées à l'agriculture et à l'élevage ou pour produire du bois de chauffage ou d'œuvre. Cela a entraîné la destruction d'une grande partie de cet immense couvert forestier originel.

Actuellement, ce processus s'est inversé : les paysans réduisent les cultures ce qui fait augmenter les surfaces arborées sur d'anciens terrains boisés, d'où une **régénération naturelle** des forêts. En outre, des **reboisements** contribuent à cette évolution.

LA RÉGÉNÉRATION APRÈS L'INCENDIE

Pour régénérer une forêt après un incendie, on implante des graines ou des plants d'espèces autochtones capables de pousser dans les espaces ouverts, ce qui stimule la repousse naturelle.

Les pays industrialisés considèrent aujourd'hui les forêts comme un bien très précieux pour la société et organisent des campagnes intensives de reboisement forestier.

LES AUTRES POLLUTIONS

Le terme de pollution se rapporte d'ordinaire aux émissions de gaz nocifs dans l'atmosphère, aux produits toxiques dans les cours d'eau et dans les mers, aux déchets solides, c'est-à-dire aux rejets de produits et substances dans l'environnement.

Pourtant, il existe d'autres pollutions dues à des phénomènes physiques : il n'y a aucun rejet dans le milieu, mais un effet physique (réchauffement, bruit, etc.) qui altère le bon fonctionnement des écosystèmes.

LA POLLUTION NUCLÉAIRE

Depuis un demi-siècle, on a découvert la façon d'obtenir une grande quantité d'énergie à partir de la **fission** des **noyaux atomiques** de certains éléments (uranium). Au début, cette énergie paraissait propre : à la différence des combustibles fossiles, elle n'émet aucun polluant dans l'**atmosphère**. Mais les résidus produits sont extrêmement dangereux pour la santé de tous les êtres vivants : les radiations qu'ils émettent peuvent brûler et altérer les **cellules** et les **gènes**. En outre, ils continuent à être radioactifs durant des milliers d'années. Il faut les conserver hermétiquement pour éviter toute fuite, mais il est pratiquement impossible de trouver un récipient inaltérable pendant toute la durée d'activité de ces déchets nucléaires.

Les centrales nucléaires produisent une énergie théoriquement propre, mais leurs résidus constituent un véritable problème de stockage et de pollution, vu l'intensité et la longue durée de leur radioactivité.

Les **centrales nucléaires** utilisent la chaleur obtenue par la **fission** atomique pour produire de l'électricité.

LA POLLUTION SONORE

Le **bruit** est une pollution particulière. C'est une vibration physique et non une matière qui s'introduit dans le milieu. Il n'est considéré comme polluant que s'il est excessif. Il peut alors affecter le système nerveux des êtres vivants et les stresser. Les effets d'un excès de bruit sont cumulatifs : par exemple, écouter un bruit intense une fois est sans conséquence, mais l'entendre de façon prolongée peut provoquer la **surdité**.

LA FUSION

Une nouvelle technologie permet d'obtenir de l'énergie par fusion nucléaire de certains isotopes de l'hydrogène de l'eau. L'énergie ainsi obtenue est abondante et les sous-produits sont inoffensifs, mais cette technologie est encore en phase de recherche.

 Les moteurs sont généralement les principales causes de bruits excessifs dans les milieux naturels. Ces bruits peuvent aussi porter atteinte à la santé des personnes qui habitent en ville.

En ville, le bruit est souvent insupportable : d'où des campagnes fréquentes pour le réduire.

La circulation de véhicules dans une forêt fait fuir les animaux. Dans les écosystèmes où le bruit est excessif, de nombreuses espèces ont disparu.

LA POLLUTION THERMIQUE

De nombreux processus industriels, et surtout ceux des **centrales thermiques et nucléaires**, produisent une grande quantité de chaleur dont une partie est libérée dans le milieu. Cela crée des conditions particulières autour du point d'émission. En général, la zone affectée par l'augmentation de température est restreinte. Bien que la chaleur se dissipe très rapidement, ses conséquences sont évidentes : elle fait disparaître progressivement les populations autochtones et provoque une colonisation ultérieure par d'autres organismes adaptés à la chaleur.

L'eau chaude de certaines centrales nucléaires est refroidie dans les tours au contact de l'air. Dans d'autres centrales, cette eau est rejetée dans une rivière.

Les grandes villes souffrent de pollution thermique, à cause du chauffage et de l'accumulation des gaz industriels et domestiques qui retiennent la chaleur dans l'atmosphère ambiante.

Selon certaines études, l'emploi abusif du téléphone mobile peut provoquer, à moyen et à long termes, des troubles chez les usagers.

ANTENNES TÉLÉPHONIQUES

Les **ondes radioélectriques** rayonnées par les grandes antennes de transmission de la téléphonie mobile posent un problème similaire à ceux des champs magnétiques. Les études réalisées jusqu'à présent concluent que ces antennes ne sont pas dangereuses pour la santé. Cependant, les gens préfèrent souvent qu'elles ne soient pas installées au voisinage de leur foyer.

LES LIGNES À HAUTE TENSION

Un grand débat agite la société sur les effets du **champ magnétique** des lignes à haute tension sur les organismes vivants. Certaines personnes assurent que les cas de cancer sont bien plus nombreux dans les populations qui vivent à proximité de ces installations servant au transport de l'électricité. Cependant, de telles conclusions n'ont pas été confirmées scientifiquement.

Zone de sécurité à observer pour une antenne de téléphonie mobile dont la puissance de rayonnement est comprise entre 100 et 1000 W.

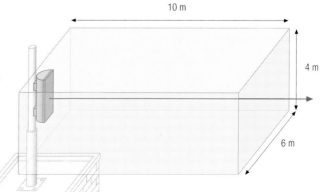
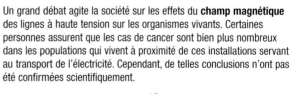

10 m

4 m

6 m

L'EFFET DE SERRE ET L'OZONE

L'**atmosphère** est une couche gazeuse entourant la Terre. Elle est indispensable à la vie sur la planète par sa composition et ses caractéristiques. Contrairement à une idée répandue, c'est un milieu où se produisent constamment des interactions avec et entre les êtres vivants, mais qui reste finalement en équilibre. Pourtant, au cours des derniers siècles, les activités humaines ont rompu cet équilibre, créant de sérieux problèmes susceptibles de provoquer, à long terme, l'extinction de l'homme.

L'EFFET DE SERRE

Les rayons du Soleil qui atteignent la surface de la planète se réfléchissent sur le sol et retournent dans l'espace sous forme de **rayonnement infrarouge**. Certaines molécules de l'atmosphère absorbent ce rayonnement et se réchauffent. L'atmosphère agit comme un couvercle qui empêche les déperditions de chaleur. C'est l'**effet de serre**, phénomène naturel sans lequel la vie n'existerait pas : les températures seraient trop basses pour les êtres vivants.
Un problème apparaît quand l'homme, émet en excès du dioxyde de carbone et d'autres composés (méthane, vapeur d'eau, oxyde d'azote, etc.), ce qui altère l'équilibre de ce milieu. Il se produit alors une augmentation trop forte de l'effet de serre et une élévation excessive de la température atmosphérique.

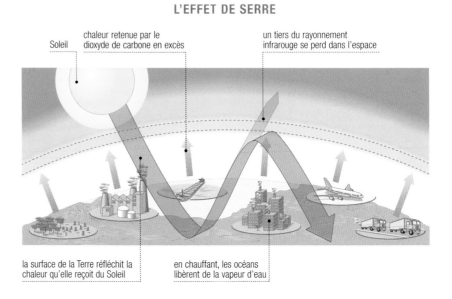

L'EFFET DE SERRE

Soleil — chaleur retenue par le dioxyde de carbone en excès — un tiers du rayonnement infrarouge se perd dans l'espace

la surface de la Terre réfléchit la chaleur qu'elle reçoit du Soleil — en chauffant, les océans libèrent de la vapeur d'eau

LE RÉCHAUFFEMENT DE LA PLANÈTE

Les émissions excessives de gaz par différentes sources (usines, automobiles, etc.) constituent un des principaux facteurs qui contribuent à l'effet de serre et au réchauffement de l'atmosphère sur toute la planète.

Le CO_2 provient de la respiration des êtres vivants et de la combustion de produits organiques comme le bois, le charbon, le pétrole et ses dérivés.

Les températures ci-dessous sont des valeurs moyennes pour toute la planète : la température, en certains endroits, a monté de plusieurs degrés tandis qu'elle descendait en d'autres lieux. Cela entraîne des **changements climatiques** à grande échelle qui provoquent des catastrophes naturelles de plus en plus fréquentes.

Les êtres vivants sont incapables de s'adapter à de nouvelles conditions climatiques, car elles se modifient à un rythme bien supérieur à la normale. Il en résulte la disparition de nombreuses espèces.

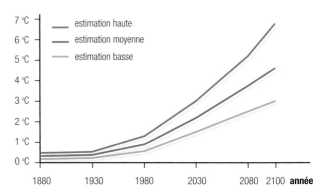

UNE ESTIMATION DE L'ÉLÉVATION DE LA TEMPÉRATURE SUR NOTRE PLANÈTE

estimation haute
estimation moyenne
estimation basse

7 °C
6 °C
5 °C
4 °C
3 °C
2 °C
1 °C
0 °C

1880   1930   1980   2030   2080 2100 **année**

LE TROU DANS LA COUCHE D'OZONE

Dans les années 80, les scientifiques commencèrent à parler d'un trou dans la couche d'ozone au-dessus de l'Antarctique. Ce trou était un des symptômes de la dégradation de l'environnement de la planète à cause d'une pollution atmosphérique, et constituait un grave danger pour la survie des êtres vivants qui la peuplent. La protection de l'environnement franchit alors un nouveau cap, avec l'organisation de forums internationaux pour discuter des thèmes ayant trait à l'ensemble des problèmes environnementaux de la planète et décider quelles mesures appropriées adopter par tous les pays.

LE PROTOCOLE DE MONTRÉAL

Cette réunion internationale de 1987 a traité pour la première fois le problème de la disparition de la couche d'ozone : celle-ci ne diminue pas de manière homogène autour de notre planète, mais elle forme au-dessus des pôles un grand trou qui grandit de façon spectaculaire au printemps.

LES CHLOROFLUOROCARBURES (CFC)

Ces principaux ennemis des molécules d'ozone sont des composés contenant des atomes de chlore qui, en arrivant sur la couche d'ozone, réagissent avec elle et la détruisent. Une seule molécule de chlore peut détruire des centaines de molécules d'ozone.

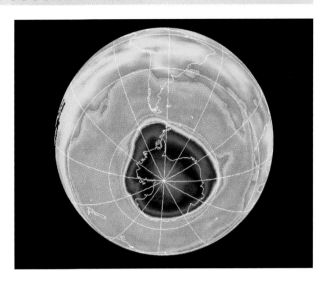

La tache centrale située au-dessus de l'Antarctique représente une zone dépourvue d'ozone ; celle-ci permet donc le passage de rayonnements dangereux pour les êtres vivants. C'est un des rares thèmes concernant l'environnement que la presse non-scientifique a largement traité, ce qui montre bien son importance.

L'UTILISATION DES CFC

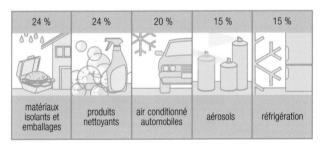

24 %	24 %	20 %	15 %	15 %
matériaux isolants et emballages	produits nettoyants	air conditionné automobiles	aérosols	réfrigération

L'OZONE

La molécule d'ozone est formée de trois atomes d'oxygène. Dans l'atmosphère, vers 25 000 m d'altitude, il existe une couche très riche en ozone qui absorbe les **rayons ultraviolets** : elle évite ainsi qu'ils n'arrivent directement à la surface de la Terre. Cela est essentiel pour les êtres vivants : ces rayons altèrent les cellules, favorisant ainsi des maladies comme le **cancer**, et provoquent des **mutations** graves dans le matériel génétique des animaux (y compris l'homme) et des plantes, ce qui empêche souvent ce matériel de se multiplier. De plus, ils affaiblissent le système immunitaire des organismes.

On estime qu'une réduction de 10 % de la couche d'ozone sur la Terre provoquerait une augmentation de presque 30 % des maladies de peau.

Les CFC n'existent pas à l'état naturel. Ces produits créés par l'homme sont utilisés dans les aérosols, les produits réfrigérants, les solvants, les mousses plastique isolantes, etc.

Dans les régions où la couche d'ozone s'est le plus réduite, comme en Australie, les baigneurs courent de grands risques s'ils s'exposent trop au soleil sans se protéger.

LES ÉNERGIES ALTERNATIVES

Certaines études affirment que les **sources d'énergie fossiles** ne dureront pas éternellement. Mais on a calculé qu'elles dureront assez pour que les émissions produites par leur combustion soient supérieures à ce que l'écosystème de la Terre peut supporter. C'est pourquoi il est urgent de commencer à imposer les nouvelles énergies, dites alternatives, parce qu'elles sont propres : elles n'émettent pas de gaz ni d'autres produits toxiques pour l'environnement. Ces nouvelles énergies se contentent de transformer une source naturelle d'énergie (lumière solaire, vent, biomasse) en une énergie utilisable pour l'homme.

LES ÉNERGIES NOUVELLES

Elles constituent la seule option pour un **développement durable**, afin qu'à l'avenir les écosystèmes continuent à exister comme ceux qui subsistent encore aujourd'hui. Cependant, les systèmes nocifs – nécessaires au développement actuel de notre société – continuent à régner sur notre planète : le parc automobile mondial, avec sa propulsion à l'essence ou au gasoil, augmente de plus en plus, tout comme la pollution industrielle produite dans de nombreux pays en voie de développement. Il semblerait que l'utilisation de combustibles fossiles (charbon, pétrole ou gaz) est encore indispensable.

SOURCES ET RÉSERVES

Les sources naturelles d'énergie sont des minéraux ou des éléments susceptibles de fournir de l'énergie. Les réserves sont les quantités identifiées et exploitables des sources d'énergie.

Facile à obtenir et d'usages divers, le pétrole est encore une source d'énergie vitale pour le développement.

COMBUSTIBLES FOSSILES

Les combustibles fossiles (pétrole, charbon et gaz naturel) sont des restes d'organismes vivants qui ont subi une décomposition et une transformation dans le sous-sol pendant des milliers d'années.

→ Actuellement, la quantité de combustibles fossiles brûlés en une année équivaut à la production et au stockage de ces produits par la nature en un million d'années.

COMPARAISON DES SOURCES D'ÉNERGIE

	Source	Pollution	Réserves
Non renouvelables	charbon	oui	limitées
	pétrole	oui	limitées
	gaz naturel	oui	limitées
	énergie nucléaire	oui	limitées
Renouvelables	vent	non	infinies
	Soleil	non	infinies
	mer	non	infinies
	chaleur de la Terre	non	infinies
	biomasse	selon l'usage	renouvelables

LA FORMATION DU CHARBON

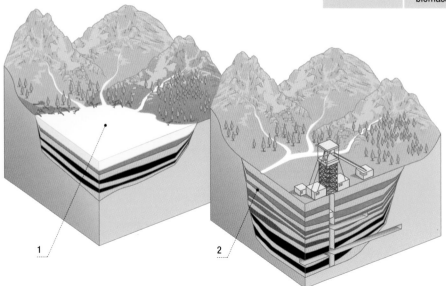

Selon les estimations, le coût écologique du charbon ou du pétrole est trois fois supérieur au coût de son extraction et de sa distribution. Celui du gaz naturel, moins polluant, n'est que du double.

(1) la végétation meurt et reste ensevelie au fond d'un marécage : elle se transforme en charbon au cours de millions d'années ;
(2) plus tard, de nouvelles couches se forment ; plus elles sont profondes, meilleure sera la qualité du charbon.

L'ÉNERGIE ÉOLIENNE

Cette énergie exploite la force du vent. Elle est utilisée depuis l'Antiquité dans les **moulins à vent** traditionnels : ils fonctionnent grâce à de grandes pales fixées sur un axe, à la façon d'un ventilateur. Quand le vent pousse ces pales, elles se mettent à tourner et font pivoter l'axe central. Un système

d'engrenages et de mécanismes, reliés à cet axe, permet de moudre le grain et de produire de la farine. Ce principe est le même que celui qui sert à obtenir de l'énergie électrique dans les **champs d'éoliennes**. Une génératrice reliée à l'axe produit de l'**électricité**.

Un inconvénient des champs d'éoliennes est qu'ils se situent sur la route des oiseaux migrateurs et que leurs pales tuent chaque année des centaines d'individus.

Une des principales qualités des énergies alternatives est qu'elles sont propres pour le milieu ambiant. Une autre, également importante, est qu'elles sont inépuisables : le Soleil va continuer à briller, le vent à souffler et l'eau à descendre d'un point en amont vers un autre en aval.

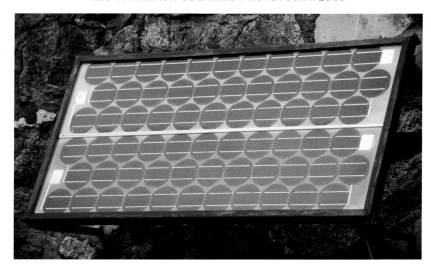

L'énergie fournie par le vent est aussi utilisée pour la propulsion des voiliers, chars à voile…

L'emploi de l'énergie éolienne n'est pas une découverte moderne.

L'ÉNERGIE SOLAIRE

LES PANNEAUX SOLAIRES PHOTOVOLTAÏQUES

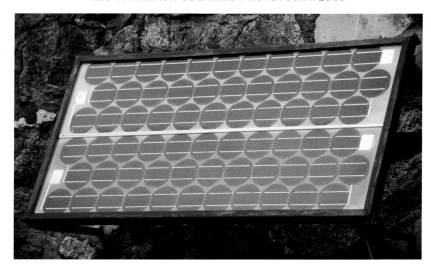

Le **Soleil** est la source d'énergie la plus importante pour les êtres vivants de la planète. C'est l'énergie que captent les **plantes** pour croître : elle est donc fondamentale pour tous les écosystèmes. Mais son utilisation directement par l'homme est encore très rare par comparaison avec les autres types d'énergie. Il existe différentes techniques pour utiliser l'énergie solaire et de nouveaux dispositifs plus efficaces se développent constamment.

Si nous pouvions utiliser cinq pour cent de l'énergie solaire qui parvient à la Terre durant une année, nous obtiendrions une quantité d'énergie égale à celle de toutes les réserves de combustibles fossiles.

Les régions situées à basse ou à moyenne latitude sont les plus adaptées pour que l'utilisation de l'énergie solaire devienne rapidement réalisable et rentable.

Beaucoup de petits appareils (montres, calculatrices…) fonctionnent déjà grâce à l'énergie solaire photovoltaïque.

LES PANNEAUX SOLAIRES

Les panneaux solaires **photovoltaïques** sont recouverts d'un revêtement spécial capable de transformer directement les rayons solaires en électricité. Les panneaux solaires **thermiques** utilisent les rayons solaires pour chauffer l'eau d'un circuit de chauffage central, d'une salle de bain, etc.

LES BIOCARBURANTS

Les huiles alimentaires végétales et animales peuvent se recycler à faible coût et de façon écologique pour produire un carburant utilisable par les automobiles pourvues d'un moteur diesel. De même, les déchets végétaux de l'agriculture peuvent être utilisés pour obtenir du carburant. Tous ces produits s'appellent des biocarburants. Il ne s'agit pas d'une source d'énergie renouvelable à proprement parler, mais d'une alternative écologique très importante pour éviter les rejets qui polluent l'eau ainsi que l'accumulation de déchets qui polluent l'air en brûlant.

Les avantages des biocarburants

• Ce sont les seuls carburants alternatifs utilisables par un moteur Diesel conventionnel, sans nécessiter de modification.

• Ils s'utilisent purs ou mélangés en n'importe quelle proportion avec du diesel.

• Le cycle biologique de production et d'utilisation des biocarburants réduit d'environ 80 % les émissions d'anhydride carbonique et de presque 100 % celles de dioxyde de soufre.

• Ils permettent des réductions significatives, par rapport au diesel, des émanations de particules et de monoxyde de carbone.

• Aux États-Unis, différentes études ont montré que les biocarburants réduisent de 90 % les risques de contracter un cancer.

• Ils contiennent 11 % d'oxygène et ne contiennent pas de soufre. Les biocarburants allongent la durée de vie des moteurs, parce qu'ils possèdent de meilleures qualités de lubrification que le diesel.

La première usine de fabrication de biocarburants en Espagne a été inaugurée en mars 2003, dans la localité de Reus (Tarragone).

De nombreux pays se servent déjà des résidus agricoles pour fabriquer des biocarburants ou des bioéthanols (alcools).

Les restaurants et autres établissements gros consommateurs d'huiles et de graisses ne doivent pas rejeter ces produits, après utilisation, dans les égouts. Il faut les garder dans des récipients qui seront collectés.

LA BIOMASSE

D'un point de vue énergétique, la biomasse est constituée de toute la matière végétale et animale utilisable comme combustible. Le **biocarburant** est inclus dans la biomasse. Mais celle-ci comprend aussi des produits comme le bois, qui constitue encore la principale source d'énergie de nombreuses sociétés en développement. Le bois, transformé en biocarburant, permet de réduire la **pollution atmosphérique** ; mais, utilisé comme combustible, il représente une source de pollution importante.

Le bois est une source de pollution atmosphérique importante.

L'ÉNERGIE FOURNIE PAR LA BIOMASSE

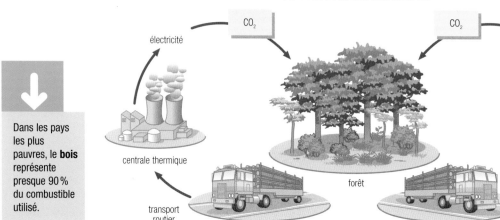

électricité   CO₂   CO₂   automobiles

Dans les pays les plus pauvres, le **bois** représente presque 90 % du combustible utilisé.

centrale thermique   forêt   distillerie

transport routier   transport routier

L'ÉNERGIE ÉLECTRIQUE

L'électricité est par elle-même une énergie très propre, sans résidus venant souiller le milieu ambiant. Le problème provient parfois de la façon dont elle s'obtient. Quand elle est générée par des **panneaux solaires** ou des fermes éoliennes, c'est alors une énergie totalement propre : elle ne cause aucune pollution. Mais actuellement cette énergie provient aussi de **centrales nucléaires** ou **thermiques** qui brûlent des combustibles nucléaires ou fossiles pour transformer la chaleur obtenue en électricité. Ce processus comporte une perte d'énergie plus ou moins grande. Les **centrales hydroélectriques** produisent aussi une énergie propre, mais l'impact de leur présence sur l'écosystème des cours d'eau est également important.

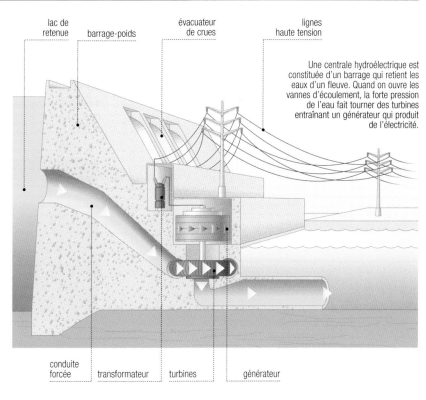

lac de retenue — barrage-poids — évacuateur de crues — lignes haute tension

Une centrale hydroélectrique est constituée d'un barrage qui retient les eaux d'un fleuve. Quand on ouvre les vannes d'écoulement, la forte pression de l'eau fait tourner des turbines entraînant un générateur qui produit de l'électricité.

conduite forcée — transformateur — turbines — générateur

Pour ne pas empêcher les poissons migrateurs de passer, certains barrages sont munis d'échelles spéciales.

Les changements du niveau d'eau dans les barrages provoquent de graves altérations de l'écosystème des cours d'eau. De nombreuses espèces disparaissent.

Comme les moulins à vent, les moulins à eau sont des mécanismes qui existent depuis des siècles : ils utilisent la force de l'eau pour effectuer un travail mécanique.

POURQUOI LES ÉNERGIES ALTERNATIVES SONT-ELLES SI PEU UTILISÉES ?

En 2002, lors du sommet international de Johannesburg (Afrique du Sud), l'industrie pétrolière – par ses pressions – a réussi à empêcher de prendre des résolutions destinées à réduire la pollution.

Cette question se pose pour qui connaît les caractéristiques de ces énergies. C'est principalement parce que leur production est encore chère et que l'énergie obtenue est souvent insuffisante pour satisfaire la grande consommation actuelle. Dans certains pays, l'État propose des aides et des subventions pour promouvoir l'emploi de ces énergies, emploi aujourd'hui de plus en plus fréquent. La principale opposition à ces énergies propres vient de l'**industrie pétrolière** qui les considère comme une menace pour ses intérêts économiques : elle boycotte les réunions internationales destinées à leur promotion. Mais les sources d'énergie non renouvelables seront de plus en plus chères et l'emploi des énergies renouvelables, plus rentable, deviendra une nécessité.

20 % de la population mondiale consomme 65 % de l'énergie planétaire. Si, en 25 ans, tous les citadins des pays peu développés atteignaient le niveau de vie occidental, il faudrait multiplier par cinq la consommation actuelle d'énergie.

RECYCLER, C'EST ÉCONOMISER

Dans la nature, rien ne se jette ni ne se perd. Si nous observons les **cycles de la matière** et de l'**énergie**, et les **chaînes trophiques**, nous verrons qu'il y a toujours un organisme pour utiliser ce qu'un autre laisse ; et, à sa mort, cet organisme servira lui-même à en nourrir un autre. L'homme s'est habitué à utiliser et à jeter : il produit de plus en plus de **déchets** qui peuvent finir par nous envahir. La seule solution est d'imiter la nature, c'est-à-dire de **recycler** la matière et l'énergie, et d'économiser ainsi des ressources parfois rares et irremplaçables.

RECYCLER, QU'EST-CE QUE C'EST ?

Recycler signifie réintroduire dans un **cycle**. Comme nous parlons de tous les matériaux que nous utilisons dans notre vie quotidienne, il faudra les réintroduire dans un cycle de production, c'est-à-dire ne pas les jeter pour ne pas les laisser en dehors du cycle. Recycler un produit, c'est réutiliser le ou les matériau(x) dont il est fait pour obtenir, grâce à eux, un nouveau produit. Ainsi, il n'est pas nécessaire d'utiliser un matériau parfois rare. En conséquence, recycler revient à **économiser**.

Les conteneurs de tri sélectif permettent de classer dès le départ les déchets par nature.

DES MATIÈRES ET PRODUITS RECYCLABLES

PRESQUE TOUT EST RECYCLABLE

Sur le tableau ci-dessous, il vous reste deux lignes à remplir : pensez d'abord aux objets qui vous entourent et que vous utilisez dans la vie quotidienne.

Petit échantillonnage d'objets recyclables dont nous nous servons à la maison.

Matière ou produit	Recyclable	Produits transformés	Avantages
Papier, carton	oui	papier, carton	ne détruit pas les forêts
Gobelets en plastique	oui	objets en plastique	ne pollue pas, économise le pétrole
Verre	oui	objets en verre, revêtement routier	ne pollue pas, économise l'énergie
Piles électriques	oui	minéraux, plastiques	évite une pollution très toxique
Automobiles	oui	métaux, plastiques	ne pollue pas, économise les matières premières
Eau	oui	eau potable, arrosage, eau industrielle	économise l'eau qui peut être épurée
Déchets organiques	oui	compost, engrais	préserve les sols, évite les rejets
Résidus de centrales nucléaires	non	aucun	aucun
Ordinateurs, chaînes hi-fi	oui	verre, métaux	évite de polluer, économise les matières premières
Tissus naturels	oui	papier, carton	ne détruit pas les forêts
Tissus synthétiques	oui	plastique industriel	évite de polluer
Articles en bois	oui	contreplaqué, pâte à papier	ne détruit pas les forêts
Résidus agricoles	oui	engrais, biocarburant	économise le pétrole

LE RECYCLAGE À LA MAISON

Recycler n'est pas très difficile. Nous allons fabriquer du **papier recyclé**. Le résultat sera imparfait, car nous ne disposons pas de tous les moyens nécessaires, mais vous verrez que c'est possible.

1. Coupez en petits morceaux plusieurs feuilles de journal dans un seau d'eau.

2. Laissez le tout reposer deux ou trois jours.

3. Mélangez la pâte obtenue.

4. Faites chauffer avec un peu de détergent.

5. Éliminez l'encre qui s'accumule en surface avec la mousse.

6. Laissez la pâte refroidir et filtrez-la.

7. Étendez une couche de pâte (2-3 mm) sur une toile de forme rectangulaire.

8. Placez par-dessus des feuilles de journal couvertes d'un poids (presse).

9. Attendez quelques heures et ôtez la feuille.

10. Laissez-la sécher.

CURIOSITÉS

- Presque 40 % du papier que nous utilisons est recyclé.

- Pour produire une boîte en aluminium, il faut une demi-boîte de pétrole.

- Dans certains pays, presque 80 % de l'acier produit provient de la ferraille.

UNE FABRICATION ARTISANALE DE PAPIER

1, 2   3   4, 5

6, 7   8, 9

10

AVANT DE RECYCLER, IL FAUT TRIER

LE RECYCLAGE D'UNE AUTOMOBILE

véhicule pour la casse

garniture des sièges

moquettes, revêtements

récipients en verre

pare-brise

pneumatiques

pare-chocs

carrosserie

semelles de chaussures

tubes de plastique

industrie métallurgique

Pour utiliser les déchets, il faut d'abord les trier. Non seulement les entreprises de recyclage doivent le faire, mais nous pouvons, nous aussi, contribuer au tri de nos déchets. Pour cela, nous disposons de conteneurs où nous pouvons déposer les objets en verre, d'autres pour les plastiques, ou pour les papiers, etc. Le tri qui s'effectuera dans un centre de traitement des déchets est ainsi facilité. Là, les matériaux de même nature sont broyés ou empaquetés, selon les cas, puis envoyés aux usines qui les réutiliseront comme matières premières.

L'objectif des constructeurs automobiles est que plus de 90 % des composants d'un véhicule soient recyclables.

LA DÉSERTIFICATION ET LA GESTION DES SOLS

Le sol n'est pas seulement de la roche à nu. Il contient une quantité variable de **matière organique** qui le rend **fertile**. Toute la surface de la Terre n'est pas recouverte de sols fertiles, aussi l'agriculture reste-t-elle limitée aux zones qui en disposent.

Ces derniers temps, un processus de destruction des sols fertiles – engendré par l'activité humaine – entraîne une **désertification** croissante de vastes régions de la planète.

LE SOL

Le sol est une formation naturelle de la couche superficielle de la croûte terrestre. D'une part, ce sol est le résultat de l'activité chimique et mécanique qui dénude la **roche mère** et la transforme en cailloux, graviers et sables plus ou moins fins. D'autre part, il provient aussi de l'**activité biologique** des êtres vivants qui le peuplent.

La matière organique est présente dans le sol sous forme de restes végétaux (ramilles, feuilles, fruits, et sous-produits de leur décomposition) et de déchets d'origine animale (excréments, cadavres, etc.). Il faut y ajouter les millions de **micro-organismes** (bactéries, protozoaires, etc.) et tous les autres êtres vivants qui peuplent le sol.

Actuellement, un peu plus de 11 % de la surface planétaire est cultivable, mais ce chiffre pourrait atteindre 24 %.

Le sol est continuellement exposé à l'activité chimique, physique et biologique. Ici, une hêtraie en automne.

LES UTILISATIONS DU SOL (EN POURCENTAGES)

Continent	Cultures	Pâturages	Forêts	Autres
Afrique	6	26	24	44
Amérique centrale et du Nord	13	16	32	39
Amérique du Sud	7	26	54	13
Asie centrale et du Nord	10	21	32	37
Asie méridionale	24	21	13	42
Asie du Sud-Est	17	5	57	21
Australie	6	55	18	21
Europe	30	18	32	20

La matière organique ne représente que 1 à 2 % du poids du sol, mais c'est son constituant essentiel : elle est fertile.

Les pourcentages indiqués ci-contre sont approximatifs. En effet, l'usage des sols a connu ces dernières années de grands changements, principalement une réduction des surfaces forestières.

L'HUMUS

Partie de la matière organique du sol produite par la décomposition des restes organiques. C'est le facteur principal qui détermine la fertilité d'un sol.

L'ÉROSION

Ce sont les actions naturelles des **agents atmosphériques** (vent, eau, glace, etc.) qui provoquent la dégradation du relief. C'est à cause de l'érosion que les montagnes très anciennes ont des sommets et des formes plus arrondis et plus doux que les montagnes récentes. L'érosion affecte aussi le sol, en l'éliminant ou en réduisant son épaisseur. Cependant, la végétation et principalement les forêts jouent le rôle d'une couche protectrice qui évite sa disparition. Les activités humaines favorisent l'érosion : l'**urbanisation** élimine directement le sol, de même les cultures intensives et le surpâturages; la **coupe des forêts** détruit sa couche protectrice.

CULTURES EN TERRASSES

Cultures sur des terrains en pente découpés en paliers, limités par des murets pour éviter les effets de l'érosion.

L'AVANCE DES DÉSERTS

Continent	Lieux	Causes
Afrique	Nord-Ouest	érosion
	Sahel	pâturage, agriculture
	Bostwana	pâturage
Amérique	Centre des États-Unis	agriculture, élevage
	Centre du Mexique	érosion, sécheresse
	Nord-Est du Brésil	urbanisation
Asie	Moyen-Orient	érosion
	Asie centrale	élevage, arrosage
	Mongolie	élevage
	YangTsé (Chine)	agriculture, urbanisation
	Sud-Est asiatique	déforestation, érosion
Australie	Sud-Ouest	agriculture, élevage
Europe	Sud-Est de la péninsule Ibérique	urbanisation, agriculture

La coupe d'une forêt pour l'utilisation industrielle du bois (construction, papier, etc.) doit être suivie d'un reboisement. Sur cette photographie, coupe d'une forêt dans l'île de Vancouver (Canada).

La formation d'une épaisseur de 2,5 cm de sol peut prendre entre 100 et 2500 ans, mais sa destruction peut prendre moins d'une minute.

La coupe sauvage, sans reboisement, favorise la désertification des terrains.

DÉSERTIFICATION

Processus par lequel une terre fertile devient stérile et incapable de nourrir la vie végétale.

LA GESTION DES SOLS

Pour éviter les effets de l'**érosion** et de la **désertification**, il est nécessaire de cultiver les terres de façon à minimiser les dégâts et à favoriser la régénération des sols. C'est ce qui s'appelle la gestion des sols. L'agriculture pratique la **rotation des cultures**, qui permet à la terre cultivée de récupérer sa fertilité en recevant des plantes différentes chaque année. La plantation de **haies** et de **forêts** contribue à éviter les effets de l'érosion. Le contrôle du **pâturage** est aussi très efficace pour empêcher la disparition de la couverture végétale dans des zones sensibles, comme les savanes sèches ou les prairies.

Il est souvent utile d'entourer de haies et de bosquets les terres cultivées, pour éloigner les troupeaux et favoriser la vie de la faune sylvestre.

 3 % des terres cultivables courent un risque sérieux de désertification, et 12 % un risque élevé.

LA SURPÊCHE ET L'EXPLOITATION DE LA MER

Nous avons déjà vu, à propos de la pollution, que les océans ne sont pas une décharge où tous les déchets de notre civilisation peuvent être jetés à l'infini. Il en va de même pour leurs ressources qui ne sont pas infinies. Certaines, comme les minéraux accumulés sur les fonds marins et les gisements de combustibles fossiles situés sous ces fonds, s'épuiseront de la même façon que les ressources terrestres. D'autres, comme l'énergie des marées ou des courants marins, sont inépuisables, ou bien renouvelables comme c'est le cas des poissons et autres êtres vivants comestibles.

Les céphalopodes font partie des victimes de la pêche excessive.

LA PÊCHE EXCESSIVE

Les pêcheurs traditionnels ont pu pratiquer leur activité au fil des siècles sans porter atteinte aux populations d'animaux marins. Mais, depuis le début du XXe siècle, les nouvelles techniques ont permis de construire d'énormes **navires-usines congélateurs** où le poisson, capturé continûment par des centaines de petits bateaux de pêche qui les accompagnent, est traité immédiatement. En conséquence, les populations de poissons n'ont pu se reconstituer et beaucoup ont fini par disparaître. Cette pêche excessive surexploite une ressource fragile.

Les bateaux de pêche au chalut, traînant leurs filets au fond, ne capturent pas que des espèces d'intérêt commercial, mais détruisent tout l'écosystème.

QUELQUES RESSOURCES VIVANTES DE LA MER

Genre	Exemple
Végétaux	algues comestibles, fourragères ou d'usage industriel
Mammifères	baleines, phoques
Poissons de fond	plies, flétans, merlus, raies, morues
Poissons de surface	thon, sardines, anchois, harengs, maquereaux
Crustacés	langoustes, crevettes, crabes
Mollusques bivalves	moules, huîtres, clovisses
Céphalopodes	poulpes, calamars, seiches

LES FILETS DÉRIVANTS

Ces énormes filets, de plusieurs kilomètres de long, flottent dans l'océan et capturent, outre les poissons comestibles, toutes sortes d'animaux marins. Des tortues, des dauphins et même des oiseaux marins s'y prennent et meurent.

LES DÉBOUCHÉS DE LA PÊCHE

Genre	%
Poisson frais ou congelé	35
Alimentation du bétail et huiles	32
Conserves de poisson	16
Poisson fumé, salé, etc.	17

La visite d'un marché de poissons vous donnera une idée de la richesse de la mer ; mais consommer du poisson frais et sauvage sera bientôt un luxe.

Introduction

Le milieu
physique

L'écosystème

Les êtres vivants

Les biomes

L'écologie
appliquée

La pollution
de l'eau
et de l'air

Les autres
pollutions

Les énergies
alternatives

Recycler pour
économiser

**Les problèmes
écologiques**

Un comportement
écologique

Les nouvelles
technologies

Les espaces
protégés

Le mouvement
écologiste

Index

LES RESSOURCES DE LA MER

Dans les océans, nous pouvons distinguer deux zones principales : le **littoral** qui entoure les continents et qui est constitué par la **plate-forme continentale**, jusqu'à environ 200 m de profondeur ; et la **haute mer** ou **région pélagique**. Le plancton végétal croît principalement au voisinage des continents. En conséquence, les plates-formes continentales sont les endroits où se concentrent l'essentiel de la vie marine et les principaux foyers de pêche. Les richesses minérales, en revanche, se trouvent surtout dans les grands fonds, c'est-à-dire au centre des océans. Enfin, les ressources pétrolières peuvent se situer dans la zone littorale comme dans la zone pélagique, même si les gisements en eau profonde ne sont pas actuellement exploitables en raison de difficultés techniques.

LES ZONES DES OCÉANS

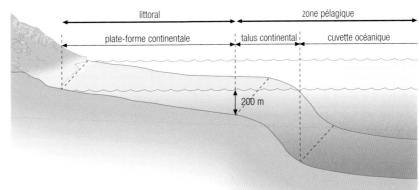

Des usines, situées sur les côtes, extraient les minéraux contenus dans l'eau de mer.

Sous les chaînes Transantarctiques se trouveraient les plus grands gisements de charbon de la planète.

La moitié des réserves mondiales de pétrole et de gaz naturel se trouvent dans la plate-forme continentale. Ici, une exploitation pétrolière en mer du Nord.

QUELQUES RESSOURCES MINÉRALES DE LA MER

Ressources	Localisation
Pétrole, gaz naturel	mer du Nord, golfe du Mexique, côtes de l'Équateur, du Venezuela et de l'Indonésie, mer Rouge, côte occidentale de l'Afrique équatoriale
Nodules de manganèse	Atlantique nord et sud, centre de l'océan Indien, Pacifique nord et sud
Argent, zinc	mer Rouge
Sédiments riches en métaux	Atlantique équatorial, nord de l'Indien, centre du Pacifique
Uranium	eau de mer

L'EXPLOITATION DE LA MER

Une partie des richesses biologiques et minérales des mers se trouvent dans les eaux territoriales de divers États, mais le reste se situe dans les eaux internationales, d'où la nécessité de conclure des traités pour réglementer leur exploitation. Les océans étant un milieu commun à tous les pays, leur gestion impose une collaboration internationale, comme c'est le cas pour le **traité sur l'Antarctique**. Ce continent dispose de nombreuses ressources en minéraux et en poissons : le moratoire de 1991 a fixé un délai de 50 ans avant de commencer toute exploitation de l'Antarctique. Cela donne ainsi le temps de développer des technologies qui ne détruiront pas cet écosystème irremplaçable.

Ces éléphants de mer peuvent encore vivre en paix sur l'île de Livingstone (Antarctique), grâce au moratoire qui empêche d'exploiter les richesses de ce continent.

LA BIODIVERSITÉ ET L'EXTINCTION DES ESPÈCES

Les millions d'années écoulées depuis l'apparition de la vie sur notre planète ont vu se développer, au cours de l'évolution, une grande variété d'êtres vivants : c'est ce que nous appelons la biodiversité. Pour que la vie continue sur Terre, cette **diversité des espèces vivantes** est primordiale. L'activité humaine et ses effets négatifs se sont accélérés ces dernières décennies, et une multitude d'espèces ont disparu avant de pouvoir s'adapter, ce qui constitue une grande perte pour la planète.

LA RICHESSE DU VIVANT

La vie est apparue dans la mer, voilà 3 à 3,5 milliards d'années, sous forme de minuscules organismes **unicellulaires**. Sont venus ensuite les êtres constitués de plusieurs cellules, ou **pluricellulaires**, qui ont connu une grande expansion. La planète était vide et des organismes très étranges sont nés, mais leur nombre augmentant, la **compétition** a commencé à régner entre eux : seuls ont survécu les mieux adaptés à leur milieu de vie. Depuis, ils ont évolué et se sont diversifiés en millions d'espèces. Beaucoup d'entre elles se sont éteintes, comme les dinosaures ou les fougères géantes, et d'autres sont apparues, comme les oiseaux et les mammifères. Mais pour que l'évolution puisse se poursuivre, il faut disposer d'une grande diversité d'espèces qui garantit le matériel génétique nécessaire.

Les récifs de corail abritent une très grande variété d'espèces.

On connaît entre 1,7 et 1,9 million d'espèces, mais, selon les scientifiques, il reste de 5 à 30 millions de nouvelles espèces à découvrir, dont certains mammifères.

On découvre 20 nouvelles espèces de reptiles par an.

NOMBRE D'ESPÈCES CONNUES

végétaux	inférieurs	100 000
	supérieurs (vascularisés)	250 000
animaux	invertébrés	1 350 000
	vertébrés	50 000

Quoique protégées dans les parcs nationaux, certaines espèces sont en danger d'extinction. En haut, un paresseux d'Amazonie ; en bas, un singe à tête bleue du Costa Rica.

L'IMPORTANCE DU MATÉRIEL

Les **gènes** sont porteurs des codes du vivant. Sur la Terre, il existe une grande variété de gènes. Chacun d'entre eux donne à telle plante ou à tel animal une morphologie déterminée ou la capacité de survivre dans des conditions d'environnement précises. Si la majorité des plantes ou des animaux disparaissait, tout ce potentiel disparaîtrait également. Ainsi, lors d'un changement des conditions environnementales sur la planète, s'il n'existe pas de gène capable de s'adapter au nouveau milieu ambiant, la vie risque de disparaître. Il est donc primordial de disposer d'une réserve de matériel génétique constitué par des organismes très différents, c'est-à-dire d'avoir une grande **biodiversité**.

La forêt amazonienne est un des écosystèmes de la planète qui présentent la plus grande diversité d'espèces vivantes. Des milliers d'oiseaux, certains inconnus des scientifiques, y vivent. Ils forment une vaste réserve génétique. C'est pourquoi il est essentiel de préserver cet écosystème. Sur la photographie, le rare ibis ermite.

EXTINCTION NATURELLE

Au cours de l'**évolution**, certaines espèces cessent d'être adaptées aux changements de l'environnement dans lequel elles vivent, ou elles se trouvent en infériorité par rapport à d'autres espèces mieux adaptées et plus récentes en compétition avec elles. L'espèce ancienne finit par s'éteindre. C'est un processus naturel qui s'est répété des milliers de fois au long de l'**histoire de la vie**. Les grands **dinosaures** ont régné sur la Terre durant près de 130 millions d'années. Ils ont ensuite disparu, peut-être de façon progressive, en quelques millions d'années.

L'EXTINCTION DE LA VIE DANS UN LAC À CAUSE DES PLUIES ACIDES

État du lac	pH	Conséquences
Sain	7	grande diversité de vie
Légèrement affecté	6	tous les crustacés et certains poissons disparaissent
Fortement affecté	5	presque tous les poissons disparaissent
Situation catastrophique	4,5	quelques anguilles survivent
État final	4	à peine quelques bactéries survivent

Le pH indique le degré d'acidité de l'eau. L'eau est neutre avec un pH de 7 ; elle est d'autant plus acide que son pH est bas.

Beaucoup d'espèces animales et végétales ont quitté leur habitat d'origine à cause des grands changements climatiques survenus au long de centaines de milliers ou de millions d'années ; ou elles ont tout bonnement disparu.

Les gorilles qui vivent dans les montagnes nébuleuses autour du lac Kivu (entre la République démocratique du Congo et le Rwanda) sont en voie d'extinction à cause du braconnage.

EXTINCTION ARTIFICIELLE

L'homme est le seul animal connu qui puisse intervenir dans l'évolution en sélectionnant certaines espèces par rapport à d'autres, en fonction de ses intérêts. Mais le fonctionnement précis de l'évolution reste encore mal connu et toute intervention est très dangereuse, y compris pour notre survie. L'homme a fait disparaître une multitude d'espèces : tantôt en les tuant directement, tantôt en détruisant leur habitat ou leur mode de vie. Dans le cas de ces extinctions artificielles, aucune espèce nouvelle n'a remplacé la disparue, comme c'est le cas pour une extinction naturelle ; la chaîne des êtres vivants présente donc un « maillon manquant ». Si ce réseau comporte trop de chaînons manquants, il risque de se disloquer complètement.

La disparition d'une espèce implique la disparition de celles qui dépendent d'elle. Si les abeilles disparaissaient, beaucoup de plantes s'éteindraient puisque la pollinisation dépend de ces insectes.

Actuellement, on évalue entre 60 et 100 le nombre d'espèces qui s'éteignent chaque jour.

LE DÉVELOPPEMENT DE L'ESPÈCE HUMAINE

L'espèce humaine fait partie de l'ensemble des espèces animales qui peuplent la Terre. Elle est soumise aux mêmes lois physiques et aux mêmes mécanismes de l'évolution que le reste des êtres vivants, même si elle a développé une capacité particulière qui lui permet d'interférer dans les processus naturels. Aussi le développement de l'humanité a-t-il une grande importance pour le maintien de la vie sur notre planète.

LA CONQUÊTE DE LA PLANÈTE

Les premières populations humaines vivaient en petits groupes isolés. Comme les autres **primates** aux mœurs terrestres, l'homme était la proie de nombreux prédateurs plus forts que lui. Cependant, son intelligence très développée a permis à son espèce de survivre dans des conditions défavorables. Depuis lors, la **croissance** de la population humaine a été constante. Cela a conduit l'homme à occuper la plupart des habitats adaptés à la vie. De plus en plus indépendant vis-à-vis de ses concurrents naturels, il a imposé sa présence sur toute la planète en exerçant une pression de plus en plus forte sur les écosystèmes et sur les autres habitants de la Terre.

LES RAVAGEURS

Quand une espèce cesse de subir la concurrence de ses ennemis naturels, elle se met à pulluler et ravage son environnement, comme les lapins en Australie. Les êtres humains sont presque dépourvus d'ennemis naturels, aussi ravagent-ils leur planète.

QUELQUES CONSÉQUENCES DE LA SURPOPULATION HUMAINE

Ressource nécessaire	Solution adoptée	Conséquence sur la nature
Espace	urbanisation	destruction des habitats naturels, réduction des territoires de la faune, disparition d'espèces, production de déchets
Eau	exploitation des nappes, barrages	disparition des espaces humides, désertification, extinction de la flore et de la faune aquatiques
Aliments	agriculture, élevage	destruction d'habitats naturels, réduction des territoires de la faune, production de déchets, déforestation, désertification, extinction d'espèces, pollution
Transports	automobiles, avions, bateaux	pollution de l'air, pollution de l'eau, pollution sonore, réduction des territoires de la faune
Énergie	centrales thermiques, nucléaires et hydroélectriques	pollution de l'air, pollution de l'eau, déchets dangereux
Biens	usines	pollution de l'air, pollution de l'eau, pollution du sol, déforestation

 La population mondiale se répartit de façon inégale, comme les richesses.

L'Inde est un pays très contrasté : alors qu'une minorité vit dans l'abondance, la grande majorité vit dans la pauvreté.

LE TIERS-MONDE

L'ensemble des pays les plus pauvres de la planète, appelé « tiers-monde », a une population très supérieure à celle des pays riches.

LA SURPOPULATION

Les changements de modes de vie et les progrès scientifiques ont été si rapides que les sociétés traditionnelles n'ont pas eu le temps de s'adapter. Dans les siècles passés, il fallait avoir une famille nombreuse pour compenser la forte mortalité ; un couple avait alors peu d'enfants qui parvenaient à l'âge adulte et la population augmentait très lentement. Les progrès de la médecine ont permis de combattre la mortalité infantile, si bien que chaque couple a un nombre d'enfants très supérieur à celui qu'il aurait eu voilà à peine un siècle. Il en résulte une augmentation vertigineuse de la population.

Dans les pays pauvres, le sol et les eaux sont particulièrement pollués en raison du manque d'infrastructures.

CROISSANCE ZÉRO

Quand, dans un pays, le nombre d'habitants qui meurent est égal à celui des naissances, on dit que la population de ce pays a une croissance zéro.

Près de 15 millions d'enfants de moins de 5 ans meurent chaque année de faim ou de maladie. Ici, une mère et son fils à Jaipur (Inde).

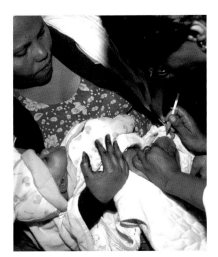

La population actuelle de la planète est de 6,2 milliards d'habitants.

La population des pays en voie de développement a augmenté de 2 à 4 milliards en seulement 30 ans.

Bien que les campagnes intensives de vaccination évitent à des milliers d'enfants du tiers-monde de mourir de maladie, la pénurie alimentaire de ces lieux les condamne à mourir de faim.

QUELQUES REMÈDES À LA SURPOPULATION

ORGANISATIONS INTERNATIONALES

L'ONU est l'Organisation des Nations unies, la FAO l'Organisation pour l'alimentation et l'agriculture, et l'OMS l'Organisation mondiale de la santé. Ces trois organismes, entre autres, s'occupent de développement humain.

Siège de l'Organisation mondiale de la santé (OMS) à Genève (Suisse).

La surpopulation humaine constitue un grave problème, surtout dans les pays en voie de développement. Les ressources nécessaires à l'économie doivent être réservées à l'alimentation d'une population toujours plus nombreuse, d'où l'augmentation de la pauvreté et de la pression sur les écosystèmes naturels. Les organisations internationales comme l'**ONU**, la **FAO** ou l'**OMS** ont proposé divers plans pour limiter la population. Parmi les mesures préconisées et appliquées dans de nombreux pays figure le **contrôle de la natalité**. Il doit être accompagné d'éducation (afin de comprendre cette nécessité) et d'aides au développement (afin d'éviter que les familles ne continuent à procréer pour disposer de la main-d'œuvre nécessaire à leur survie).

L'ALIMENTATION DE L'HOMME

Les êtres humains sont **omnivores**, c'est-à-dire qu'ils se nourrissent de végétaux et d'animaux : ils profitent des nombreuses ressources que leur offre la nature. L'**agriculture**, l'**élevage** et la **pêche**, activités essentielles pour l'alimentation de l'homme, ont une influence sur la nature. La **surpopulation** actuelle rend cet impact sur les milieux naturels considérable et destructeur.

DU CHASSEUR NOMADE AU CULTIVATEUR

Les hommes préhistoriques étaient des **chasseurs nomades** et des **cueilleurs**. Ils dépendaient du mode de vie de leurs proies et des saisons auxquelles poussaient les plantes qu'ils mangeaient. Quelques tribus isolées mènent encore ce genre de vie, par exemple en Amazonie. La civilisation a commencé quand, au lieu de chasser, l'homme s'est mis à élever les animaux qu'il consommait et cultiver les plantes dont il avait besoin. Ainsi sont nés l'**agriculture** et l'**élevage**. De cette façon, l'homme était sûr de pouvoir manger. La population humaine augmenta alors régulièrement.

L'ÉCONOMIE DE SUBSISTANCE

Ce mode de vie permet seulement à l'individu de survivre, avec des ressources minimales.

Dans les pays peu développés, les exploitations agricoles sont peu mécanisées, parce que la main-d'œuvre est très bon marché. Sur la photographie, une plantation au Rajasthan (Inde).

Dans les pays industrialisés, les apports nutritifs sont supérieurs aux besoins, d'où une augmentation de l'**obésité** ; dans les pays pauvres, ces apports sont inférieurs à 85 % des besoins, d'où les problèmes de **dénutrition**.

LA DÉNUTRITION

Elle apparaît quand un adulte reçoit un apport nutritif inférieur à 1500 calories par jour.

L'AGRICULTURE

Elle est née dans des régions fertiles le long des grands fleuves, sans doute en Mésopotamie. Au début, on cultivait les plantes comestibles les plus communes, avant de sélectionner les plus productives, jusqu'à obtenir aujourd'hui des variétés à haut rendement. Les premiers agriculteurs effectuaient à la main toutes sortes de tâches avant d'utiliser des animaux de trait. La révolution agricole est venue avec la **mécanisation** (tracteurs, moissonneuses, etc.), mais elle a fait perdre leur emploi à beaucoup d'agriculteurs : les nouvelles techniques requièrent beaucoup moins de main-d'œuvre.

La mécanisation agricole présente l'inconvénient d'éliminer presque complètement la main-d'œuvre : un tracteur peut effectuer en un jour le travail de 100 personnes en une semaine.

LES CULTURES DE BASE

Espèce	Usage	Région de culture
Blé	Aliment de base (fabrication du pain). Contient 8-15 % de protéines.	climats tempérés
Riz	Aliment de base en Asie. Contient 8-9 % de protéines.	climats tropicaux, en zones inondées
Maïs	Aliment de base en Amérique centrale et en Afrique ; contient 10 % de protéines. Sert aussi pour l'élevage.	climats chauds et tempérés
Pomme de terre	Source principale d'hydrates de carbone dans de nombreux pays.	climats frais et tempérés
Orge	Sert surtout de fourrage et pour fabriquer de la bière.	climats frais et tempérés
Patate douce	Aliment secondaire riche en amidon.	climats tropicaux et humides
Soja	Contient entre 30 et 50 % de protéines ; aliment de base dans beaucoup de pays pauvres.	climats chauds
Manioc	Contient peu de protéines, résiste bien à la sécheresse ; aliment de base en Afrique.	régions chaudes
Seigle	Fabrication du pain. Fourrage.	climats frais et humides
Avoine	Alimentation du bétail.	climats frais et humides
Sorgho	Aliment de base dans les régions chaudes de l'Afrique et de l'Asie.	climats chauds et secs

Alors que certains élevages reçoivent, dans de nombreux pays, une protection et des subventions qui provoquent une surproduction (en haut), dans d'autres régions de la Terre, ces exploitations permettent à peine de survivre (en bas, une Indienne trait une bufflonne).

L'ÉLEVAGE

Les étapes de la **domestication** des animaux pour l'élevage ont été comparables au développement de l'agriculture. L'homme a sélectionné des herbivores tranquilles pour obtenir des variétés domestiques toujours plus productives. Le **bétail** domestique sert pour le travail, pour la viande, le lait et le cuir. Aujourd'hui, de nombreuses exploitations utilisent des processus industriels pour élever ces animaux.

Produire des protéines animales coûte plus cher que produire la même quantité de protéines végétales.

La laine, d'utilisation très ancienne, provient de la toison des moutons. Elle est aujourd'hui concurrencée par les fibres artificielles.

 Dans de nombreux pays, entre 40 et 75 % de la production de céréales sert à l'alimentation du bétail.

L'UTILISATION DES ANIMAUX D'ÉLEVAGE

Espèce	Usages
Bœuf, vache	viande, cuir, lait, travail
Zébu	viande, lait, travail
Porc	viande, peau
Mouton	viande, laine, lait
Chèvre	viande, cuir, lait
Cheval	travail, sport, viande
Chameau	travail, transport, viande, lait, peau
Renne	travail, transport, viande, lait, peau
Yak	transport, viande, lait, peau
Poule	viande, œufs
Pintade	viande
Autruche	viande, plumes
Oie	viande, œufs, duvet
Canard	viande, œufs, duvet

LE COMPORTEMENT ÉCOLOGIQUE

L'écologie est une science qui tente de nous expliquer comment la nature fonctionne et qui nous propose des idées pour la protéger. Nous devons tous mettre en pratique ces mesures. Si un citoyen se comporte d'une manière préjudiciable pour le milieu ambiant, son comportement rend inutile le travail des scientifiques et peut porter atteinte à tous les autres habitants de la planète.

L'UTILISATION DE L'EAU

L'**eau douce** constitue seulement 3 % de la totalité de l'eau présente sur la planète. En outre, elle se trouve en majeure partie sous forme de glace. Nous disposons donc de moins de 1 % d'eau douce. Il s'agit d'un bien rare qu'il faut impérativement gérer. Parmi les principales mesures pour économiser l'eau, citons le **recyclage**, la réduction des **fuites**, l'usage de techniques d'arrosage afin d'éviter le gaspillage, et la culture de plantes qui nécessitent peu ou pas d'irrigation.

Pour garder un niveau raisonnable de qualité de vie, il faut 80 litres d'eau par jour et par personne.

Économie	Gaspillage
Laver avec un régulateur de flux sur le robinet.	Laver avec un robinet totalement ouvert.
Douche.	Bain.
Arroser le jardin avec un système de goutte-à-goutte.	Arroser le jardin avec un jet.
Bien fermer les robinets.	Laisser goutter les robinets.
Cultiver des plantes peu exigeantes.	Cultiver des plantes très exigeantes.
Charger complètement le lave-linge.	Charger peu le lave-linge.

Différentes situations quotidiennes où nous pouvons économiser l'eau en l'utilisant rationnellement.

Il existe de grandes différences dans la consommation domestique d'eau entre les pays pauvres et les pays riches – jusqu'à 100 fois plus pour les pays riches.

PILES USAGÉES

Il est très important de les déposer dans les conteneurs prévus à cet effet : elles contiennent des éléments très polluants et nocifs pour l'environnement.

LE RECYCLAGE DES PILES

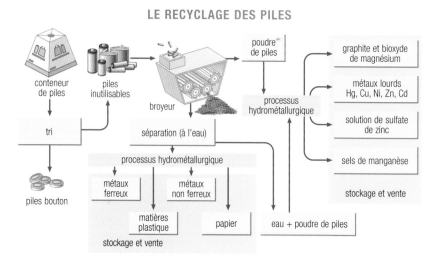

LES DÉCHETS DOMESTIQUES

Un des grands problèmes de la société moderne est de se débarrasser des déchets qu'elle produit. Le citoyen ordinaire peut contribuer à résoudre ce problème s'il utilise les moyens disponibles pour éliminer ses déchets domestiques. Il doit trier les récipients en **plastique**, le **verre**, le **papier**, le **carton** et les **déchets organiques** dans divers sacs et les déposer séparément dans des conteneurs distincts. De cette façon, chaque type de déchets aura une destination différente (recyclage, obtention de compost, etc.).
Il ne faut jeter à la poubelle ni **piles usagées**, ni **médicaments** périmés, ni composants électroniques. Ces précautions nous éviteront de polluer le milieu ambiant.

PROFITER CORRECTEMENT DE LA NATURE

Vous aimez trouver la campagne propre quand vous y allez en excursion. Les autres aussi, et même les animaux sauvages. Pour cela, nous devons respecter la nature. Il faut toujours suivre quelques règles simples : ne pas jeter de déchets ni allumer d'incendies ; ne pas polluer les cours d'eau, par exemple en y lavant sa voiture ; ne pas arracher de plantes ; ne pas faire de bruit (les animaux ont besoin de tranquillité, les gens aussi) ; ne pas gêner les animaux (si vous effrayez un oiseau en train de couver, il peut abandonner ses œufs et les poussins mourront avant de naître).

En excursion, nous devons respecter les plantes, les animaux, les cultures, les haies, etc., et laisser la campagne comme nous aimerions la trouver.

En visitant un espace protégé, il faut respecter rigoureusement les règles indiquées à l'entrée.

LES MOYENS DE TRANSPORT

Type	Avantages	Inconvénients
Avion	Rapide pour les longues distances.	Consommation élevée, polluant.
Train	Pour les courtes et moyennes distances.	Peu.
Automobile individuelle	Rend mobile.	Polluante.
Automobile partagée	Économies individuelles, réduit le trafic et la pollution.	Moins de flexibilité, pollue également.
Bateau à voiles	Silencieux, ne pollue pas.	Lenteur.
Bateau à moteur	Plus rapide que le voilier.	Bruyant, pollue.
Marche à pied	Flexibilité en ville, bon pour la santé.	Fatigant.

Utilisez autant que possible les transports publics : vous contribuerez à réduire le trafic et la pollution.

LE TRAFIC AUTOMOBILE

Les conducteurs pollueraient moins et ils économiseraient le carburant s'ils s'astreignaient à quelques règles : conduire avec douceur, en évitant les accélérations, vérifier la pression des pneus et le moteur, ne pas transporter inutilement de charges sur le toit, éviter de rouler surchargé (en outre, c'est dangereux). Au moment de choisir un véhicule, il faut chercher celui qui consomme le moins (il rejettera aussi moins de gaz d'échappement) et qui utilise un carburant moins polluant.

BIEN CONSOMMER

En choisissant la façon d'acheter et le type de produits, on peut contribuer à améliorer l'environnement tout en économisant de l'argent. Préparez une liste de ce que vous voulez acquérir avant d'entrer dans un magasin. Vous éviterez ainsi de faire des achats inutiles. Vérifiez sur les étiquettes si le produit que vous cherchez contient des substances nocives pour l'environnement ; si c'est le cas, rejetez-le. N'achetez que des objets en **bois certifié**. Évitez tout excès d'emballage. Au supermarché, essayez d'acheter des produits naturels ; évitez ceux qui ont subi de grandes transformations ou ceux qui contiennent des **organismes génétiquement modifiés** (OGM).

Le **commerce équitable** propose des produits dont le prix tient compte de la juste rétribution du producteur et de la protection de l'environnement.

BOIS CERTIFIÉ

Ce label garantit que le bois provient de cultures forestières contrôlées.

Avant un achat, il faut être sûr d'en avoir besoin ; puis choisir les produits les plus respectueux de la nature et de préférence provenant du commerce équitable.

LES NOUVELLES TECHNOLOGIES

L'intervention de l'homme sur l'environnement, d'abord minime aux temps préhistoriques, est devenue massive et nocive aujourd'hui. Ceci est lié au développement industriel. Cependant, le souci croissant de l'homme de la rue pour le milieu ambiant a ouvert la voie à l'apparition de nouvelles technologies. Certaines d'entre elles, bénéfiques, évitent de porter atteinte à l'environnement ou même le restaurent.

LES COMMUNICATIONS

Aujourd'hui, le monde entier est un réseau de communications : les informations et les données parcourent la planète en quelques secondes. La télévision, la radio, la téléphonie mobile, l'Internet et les moyens audiovisuels modernes sont des progrès techniques pourvus d'aspects négatifs (massification, manipulation de l'opinion, risques physiques de radiation…), mais aussi d'avantages très importants pour préserver la nature. Grâce à ces techniques, il est possible de connaître immédiatement les atteintes à l'environnement et de tenter d'y remédier, de sensibiliser la population à la protection de la nature et d'organiser des mouvements citoyens pour exiger qu'on la respecte.

Les satellites artificiels donnent des informations très utiles pour prévoir le temps.

Les moyens modernes de télécommunications permettent d'apprendre un accident ou une atteinte à l'environnement, et d'y remédier.

Grâce à l'Internet, les données les plus récentes sur l'environnement sont disponibles en n'importe quel lieu du monde.

Par émetteur radio, on peut étudier les routes migratoires de nombreux animaux.

LES MANIPULATIONS GÉNÉTIQUES

Dans un organisme génétiquement modifié sont introduits certains gènes d'un autre organisme. C'est le cas du maïs, du blé, des tomates… et d'une longue liste de cultures. Cette manipulation permet ainsi aux organismes transgéniques de conserver très longtemps une belle apparence, même s'ils ont commencé à perdre leur fraîcheur interne.

Comme toute technique, la manipulation génétique n'est ni bonne ni mauvaise en elle-même, tout dépend de son but. Elle trouve des applications en **médecine** pour soigner les patients atteints de maladies génétiques souvent mortelles : c'est là un de ses aspects positifs. Elle sert à fabriquer des **aliments transgéniques** : même s'ils ne sont pas dangereux en eux-mêmes, nous ignorons le comportement dans la nature de ces **organismes génétiquement modifiés** (OGM) qui sont susceptibles de favoriser l'apparition d'allergies, de mutations ; c'est là un aspect négatif… La libération dans la nature d'OGM, qui peuvent favoriser le passage de virus de certains organismes à d'autres, menace la biodiversité et met la santé en danger.

Les agriculteurs qui cultivent des variétés transgéniques doivent acheter tous les ans leurs semences aux sociétés qui les commercialisent : les graines produites par la plante ont été modifiées pour rester stériles.

LE CLONAGE

C'est l'obtention, par des manipulations biologiques à partir d'un individu, d'un autre individu doté d'un **patrimoine génétique identique**. Cette technique s'utilise fréquemment pour les micro-organismes, mais chez les vertébrés elle est encore en phase d'expérimentation. Chez les plantes, en revanche, elle est utilisée depuis de nombreuses années. Son principal avantage est de fournir beaucoup d'individus présentant des caractéristiques recherchées. Par des cultures en laboratoire, on peut cloner des bactéries et d'autres micro-organismes afin d'obtenir, en quelques heures, une population très nombreuse.

LE CLONAGE HUMAIN

Outre les objections éthiques, le clonage d'êtres humains pose des problèmes qui ne sont pas encore résolus.

La brebis Dolly, premier clone d'un mammifère adulte, a vieilli plus rapidement que la normale : une telle accélération du vieillissement pourrait affecter tous les mammifères clonés. Née en juillet 1996 et morte en février 2003, elle a vécu la moitié de la vie normale d'une brebis. Elle est aujourd'hui exposée, naturalisée, au musée royal d'Édimbourg.

LES CULTURES MARINES

De même que l'élevage a remplacé la chasse et l'agriculture la cueillette saisonnière, de même les cultures marines constituent aujourd'hui une alternative à la pêche et à la récolte des algues. L'élevage de poissons est très ancien : déjà les Chinois élevaient des carpes quand les Romains de l'Empire élevaient d'autres espèces. La **pisciculture** est très développée pour certaines espèces, comme la truite en eau douce et le saumon en mer. L'**aquaculture** garantit une production constante et de qualité uniforme, au moment où les écosystèmes marins ou d'eau douce sont surexploités.

L'AQUACULTURE

Techniques et procédés d'élevage d'organismes aquatiques.

LA PISCICULTURE

Élevage de poissons en bassins fermés : ils sont nourris et protégés de leurs ennemis naturels.

Depuis des dizaines d'années, les fermes piscicoles ont une double mission : d'une part, apporter des alevins dans les cours d'eau ; de l'autre, fournir diverses espèces de poissons pour la consommation humaine sans épuiser les écosystèmes.

LES ESPACES PROTÉGÉS

L'homme, par sa présence, a peu à peu réduit les surfaces occupées par la nature sauvage. Ses activités ont pollué ou détruit de vastes régions de la planète. C'est pourquoi il a fallu créer des espaces protégés (**parcs nationaux**, **réserves naturelles**, etc.) qui ont pour finalité de conserver la nature, sa flore et sa faune dans leur état d'origine, en évitant les interventions et les destructions de l'homme. Ils sont, en outre, devenus le dernier refuge de certaines espèces. En conséquence, ils sont essentiels pour la continuité de la vie sur la Terre.

PARC NATIONAL DES ÎLES GALÁPAGOS (ÉQUATEUR)

Dans ces îles, **Darwin** eut l'inspiration première qui finit par aboutir à sa **théorie de l'évolution**. Ces îles sont isolées du continent : les espèces qui y sont arrivées ont évolué de façon indépendante et produit de nouvelles variétés adaptées aux conditions de leur habitat. On y compte de nombreuses **espèces animales endémiques,** c'est-à-dire des espèces vivant seulement dans ces îles, et 625 espèces végétales.

Éloignées de la côte et à l'écart des routes traditionnelles, les îles Galápagos (Équateur) ont conservé une bonne partie de leurs caractéristiques d'origine. Sur la photographie, l'île de San Bartolomé.

ÎLES GALAPAGOS	
Situation	Dans le Pacifique, sur l'équateur, à 1000 km de la côte.
Géographie	19 îles volcaniques.
Surface	80 000 km² (zones terrestre et maritime).
Création	1936.
Écosystèmes	Littoral, mangroves, plages, terres hautes.
Espèces particulières	Cactus, palétuviers, iguane marin, iguane terrestre, tortue géante, pingouin des Galápagos, pinson de Darwin.

PARC NATIONAL DE MANÙ (PÉROU)

Il englobe l'un des affluents de l'**Amazone** situé dans son bassin supérieur. Il s'étend de 150 m d'altitude jusqu'à 4200 m. Il constitue une des zones protégées les plus représentatives de la **forêt amazonienne** et offre une incroyable diversité biologique. Y vivent plus de 850 d'espèces d'oiseaux (15 % de la population mondiale), 100 de mammifères et plus d'un demi-million d'arthropodes. Ce parc présente 14 types différents de forêt tropicale.

Dans le parc national de Manù, certaines espèces – qui existent dans d'autres régions de la Terre – atteignent des dimensions spectaculaires.

MANÚ	
Situation	Dans le sud-est du pays, près de la frontière brésilienne.
Géographie	Zones de plaines, collines et montagnes.
Surface	15 000 km².
Création	1973.
Écosystèmes	Puna, forêt tropicale humide de montagne, forêt tropicale humide de plaine.
Espèces particulières	Ficus, cacaoyer, condor, loutre géante, ours à lunettes, crocodile noir, singe empereur, tatou géant, jaguar, ocelot, ara bleu, ara rouge, tortue *Podocnémis*.

PARC NATIONAL DE WOOD BUFFALO (CANADA)

C'est un des parcs les plus grands du monde et un des meilleurs exemples des **plaines des régions boréales**. Il inclut le **delta intérieur** le plus grand de la planète, dans le lac Athabasca. De grands troupeaux de bisons y subsistent. Il présente près de 500 espèces de végétaux, 227 d'oiseaux et 47 de mammifères. Il est doté d'un climat continental extrême avec des hivers très froids.

Sur le point de disparaître, le bison est aujourd'hui hors de danger dans le parc national de Wood Buffalo, au Canada.

WOOD BUFFALO

Situation	Centre du pays, entre le lac Athabasca et le Grand Lac des Esclaves.
Géographie	Grandes plaines, fleuves et lacs.
Surface	44 800 km².
Création	1922.
Écosystèmes	Prairie, forêt boréale.
Espèces particulières	Sapins, pins, bison, loup, lynx, renard, faucon, lagopède (ou perdrix des neiges), caribou, hibou des neiges, bernache canadienne, plongeon, grue.

PARC NATIONAL DE BIALOWIEZA (POLOGNE/BIÉLORUSSIE)

Situé dans une région retirée et difficile d'accès, avec des lacs, des marais et des forêts qui ont permis de survivre à des espèces comme le bison d'Europe et le cheval tarpan. Il conserve de vastes portions de **forêts fluviales** primitives. Son climat est de type continental froid. On y dénombre plus de 900 espèces de plantes supérieures.

BIALOWIEZA

Situation	Nord-est de la Pologne et sud-est de la Biélorussie.
Géographie	Plaines, lacs.
Surface	800 km².
Écosystèmes	Forêt centre-européenne.
Espèces particulières	Épicéas, pins, alisiers, chênes, tilleuls, bison d'Europe, lynx, loutre, castor, cheval tarpan, élan, cerf, loup, pygargue, coq de bruyère, grue.

La loutre est un des animaux les plus abondants dans le parc national de Bialowieza.

PARC NATIONAL DE DOÑANA (ESPAGNE)

Situé sur une des principales routes **migratoires** des oiseaux entre le nord de l'Europe et l'Afrique, c'est aussi une importante région d'hivernage pour beaucoup de ces espèces. Il comprend divers écosystèmes centrés autour des marécages du fleuve Guadalquivir. Il est doté d'un **climat méditerranéen** avec une période de sécheresse plus ou moins prolongée durant l'été. Il renferme plus de 450 espèces de vertébrés.

DOÑANA

Situation	Au sud-est de la péninsule Ibérique, à l'embouchure du Guadalquivir.
Géographie	Plaines inondées et côtes.
Surface	772 km².
Création	1969.
Écosystèmes	Dunes, marais, forêt méditerranéenne.
Espèces particulières	Lynx ibérique, cerf, loutre, daim, oie, sarcelle, flamant, malvacée, poule sultane, vautour noir, aigle impérial.

Marais du parc de Doñana (Espagne) et lynx ibérique, son espèce animale la plus représentative et très menacée.

PARC NATIONAL
NIOKOLO-KOBA (SÉNÉGAL)

Il s'étend le long du fleuve Gambie sur un territoire plat, couvert d'une **forêt luxuriante**, ce qui favorise l'existence d'une biodiversité tout à fait considérable. C'est l'un des principaux sanctuaires de la nature en Afrique occidentale. Actuellement, on y a identifié plus de 1500 espèces de plantes.

NIOKOLO-KOBA	
Situation	Sud-est du pays, près de la frontière de Gambie.
Géographie	Plaine de faible dénivellation.
Surface	91 300 km².
Création	1954.
Écosystèmes	Forêt sèche tropicale.
Espèces particulières	Bambou, éléphant, buffle, hippotrague, girafe, papion, chimpanzé, colobe, lion, léopard, crocodile, hippopotame, aigle.

Girafe dans le parc national de Niokolo-Koba.

PARC NATIONAL VIRUNGA
(RWANDA)

C'est une région aux paysages divers – des **savanes** et des **marais** aux zones de **haute montagne** – avec des climats également très variés et de grandes différences de pluviosité. La grande dénivellation favorise l'existence de différents types de végétation. Cette région compte de nombreuses rivières et c'est le lieu d'hivernage de nombreux oiseaux de l'hémisphère Nord.

VIRUNGA	
Situation	Au nord-est du pays, frontalier de l'Ouganda.
Géographie	Plaine, fleuves, collines, montagnes de 5000 m.
Surface	79 000 km².
Création	1925.
Écosystèmes	Fluvial, savane, forêt sèche, forêt humide de montagne.
Espèces particulières	Bambou, cob, okapi, bongo, gorille, buffle, chimpanzé, éléphant, lion, hippopotame, francolin, pélican, damalisque.

PARC NATIONAL
DU SERENGETI (TANZANIE)

Il s'étend dans une plaine, qui se termine en montagne d'altitude moyenne. Quelques rivières aux eaux permanentes le parcourent. Le climat est très chaud et les pluies se concentrent en une **saison humide**, suivie par une **saison sèche**. Il présente un paysage tout à fait caractéristique et typique des **savanes** africaines avec une faune très riche.

SERENGETI	
Situation	Nord-est du pays, près de la frontière avec le Kenya.
Géographie	Plaine et moyenne montagne.
Surface	14 700 km².
Création	1951.
Écosystèmes	Savane.
Espèces particulières	Acacias, gnou, gazelle, zèbre, bubale, phacochère, girafe, hyène, lion, léopard, hippopotame, éléphant, lycaon, guépard, rhinocéros.

Hippopotames dans un lac de retenue du parc national du Serengeti (à gauche). Éléphant sur le Ngorongoro, volcan gigantesque situé dans une réserve spéciale du parc national du Serengeti (au centre).

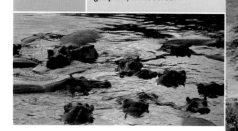

Gorilles de montagne dans le parc national Virunga.

PARC NATIONAL DE SUNDARBARNS (INDE/BANGLADESH)

Il occupe une vaste zone de l'embouchure du Gange, avec la plus grande **forêt de palétuviers** du monde. L'altitude maximale ne dépasse pas 10 m au-dessus du niveau de la mer, parce que les marées modifient sans cesse la structure des terres émergées. Le climat est très chaud et se caractérise par les pluies abondantes de la **mousson**.

SUNDARBARNS	
Situation	Embouchure du Gange, entre l'Inde et le Bangladesh.
Géographie	Plaine inondable.
Surface	10 000 km².
Création	1984.
Écosystèmes	Mangrove, estuaire.
Espèces particulières	Arbres de Sundari, tigre du Bengale, chat pêcheur, cerf moucheté, macaque du Bengale, dauphin du Gange, crocodile d'estuaire, ibis.

Mangrove proche de l'embouchure du Gange, dans le parc national de Sundarbarns.

PARC NATIONAL DE TE WAHIPOUNAMU (NOUVELLE-ZÉLANDE)

Il s'agit d'un ensemble de plusieurs parcs nationaux et de réserves qui partent de la côte pour pénétrer à 90 km à l'intérieur des terres. Il présente une énorme variété de paysages, avec des **fjords**, des **montagnes** et des **volcans**. Le climat y est **océanique**, avec une humidité élevée et des précipitations d'environ 10 000 mm par an. Beaucoup des animaux qui peuplent ce parc restent encore à étudier.

TE WAHIPOUNAMU	
Situation	Sud-est de l'île du Sud.
Géographie	Côte très accidentée, montagnes.
Surface	26 000 km².
Création	1952.
Écosystèmes	Littoral, montagne, forêt océanique.
Espèces particulières	Phoque de Nouvelle-Zélande, pingouin à crête, kiwi brun, kiwi tacheté, cacatoès.

PARC NATIONAL D'UJUNG KULON (INDONÉSIE)

À l'intérieur du parc se trouve le célèbre volcan **Krakatoa**. Ce parc présente un paysage varié, sur le littoral comme à l'intérieur des terres. Les différentes sortes de forêts abritent une faune riche, parmi lesquelles certaines espèces menacées d'extinction comme le rhinocéros de Java. Le climat **tropical** est très pluvieux.

UJUNG KULON	
Situation	Extrémité ouest de l'île de Java.
Géographie	Côte accidentée avec de nombreuses îles. Intérieur montagneux.
Surface	1200 km² (entre zones maritime et terrestre).
Écosystèmes	Récifs de corail, dunes, forêt tropicale.
Espèces particulières	Podocarpes, palmiers, rhinocéros de Java, dhole, chat pêcheur, léopard, gibbons, macaque crabier.

Une des îles formées par les nouvelles éruptions du volcan Krakatoa, à l'est de Java, dans le parc national de Ujung Kulon.

Paysage du parc national de Te Wahipounamu.

LE MOUVEMENT ÉCOLOGISTE

Dans la seconde moitié du XXe siècle, la qualité de l'environnement s'est graduellement détériorée. Les citoyens en prirent conscience et commencèrent à exiger des conditions de vie plus saines. Des mouvements écologistes apparurent avec pour objectif de réclamer le droit de l'homme à disposer d'une nature préservée et de défendre les droits des autres habitants de notre planète. Les mouvements écologistes sont devenus des éléments moteurs qui impulsent de nombreuses réformes de société relatives au comportement de l'homme vis-à-vis de la nature.

GREENPEACE

Cet organisme non-gouvernemental est devenu l'un des principaux **groupes de pression écologistes** de la planète. Exclusivement financé par les cotisations de ses membres (plusieurs millions dans le monde), il reste indépendant des entreprises et des États. Avec ses fonds disponibles, il effectue des campagnes spectaculaires pour défendre l'environnement et protester contre les atteintes subies par la nature.

Un bateau de Greenpeace. Cette association indépendante veut mobiliser les consciences sur l'environnement dans un monde où priment les intérêts économiques. Pour rendre ses actions plus efficaces, elle dispose d'organismes nationaux implantés dans de nombreux pays.

Le cruel massacre des phoques dans l'Arctique a éveillé les consciences et favorisé le mouvement écologiste.

Les phoques ignorent le danger que représente l'homme : ils ne s'enfuient pas quand leurs bourreaux apparaissent pour les tuer à coup de gourdin sur la tête.

Tous les sous-produits des baleines peuvent aujourd'hui se fabriquer à partir d'autres matières premières : continuer à sacrifier ces animaux rares est dénué de sens.

MORATOIRE CONTRE LA CHASSE DES BALEINES

En 1994, la Commission baleinière internationale a protégé sans date limite le moratoire interdisant de chasser ces gros cétacés.

LA DÉFENSE DES PHOQUES ET DES BALEINES

Les massacres de phoques des régions arctiques, par des méthodes cruelles, pour utiliser leur peau, ont été diffusés par tous les médias et ont entraîné de vives protestations dans le monde entier. De même, la chasse des baleines a suscité des réunions internationales pour éviter l'extinction de ces grands cétacés. Les actions des groupes écologistes, qui ont éveillé la conscience du public, ont permis de mettre fin à ces massacres, malgré les intérêts commerciaux des sociétés pelletières ou baleinières.

LA CAPTURE DE PHOQUES DANS L'ATLANTIQUE NORD

Année	Quota	Capture officielle	Capture estimée
1994	186 000	52 916	264 376
1995	186 000	4794	258 964
1996	250 000	242 262	508 082
1997	275 000	264 204	499 465
1998	275 000	282 070	532 516
1999	275 000	244 552	498 315
2000	275 000	91 602	337 219
2001	275 000	226 493	484 109

L'ANTARCTIQUE

Ce continent vierge a fait l'objet de nombreuses campagnes de défense. Non seulement il s'agit de préserver un territoire vierge et d'éviter sa détérioration, mais les scientifiques ont apporté de nombreuses preuves montrant la grande importance de cet écosystème pour l'ensemble de notre planète. Dans les eaux antarctiques, au sud du 40e parallèle, a été créé un sanctuaire destiné à la reproduction des **baleines**.

Un aspect de l'île de Paulet, dans l'Antarctique.

LA POLITIQUE ET LES ÉCOLOGISTES

Dans de nombreux pays, surtout en Allemagne, les mouvements écologistes (appelés aussi les **Verts** ont obtenu un nombre suffisant de voix pour participer à la vie politique, y compris aux activités du gouvernement national.

Dans presque tous les pays industrialisés, principalement en Europe, l'engagement des écologistes en politique a favorisé la prise de conscience par la population des graves problèmes environnementaux qui affectent notre monde.

En 1990, le premier protocole international conservatoire a été signé pour protéger la faune africaine.

Les précurseurs des mouvements écologistes actuels sont apparus à la fin du XIXe siècle, mais ils ne regroupaient que très peu de gens.

SIGLES

Le **WWF** (World Wide Foundation; Fonds mondial pour la nature) est une organisation qui a pour but de collecter des fonds afin de contribuer à la conservation de la vie sauvage en tout lieu de la planète.

L'**UICN** (Union mondiale pour la nature) est une organisation internationale qui se consacre à la surveillance continue de la conservation de la nature.

INDEX

Le milieu
physique

L'écosystème

Les êtres vivants

Les biomes

L'écologie
appliquée

La pollution
de l'eau
et de l'air

Les autres
pollutions

Les énergies
alternatives

Recycler pour
économiser

Les problèmes
écologiques

Un comportement
écologique

Les nouvelles
technologies

Les espaces
protégés

Le mouvement
écologiste

Index